Das Taiji der Fünf Tiere

Lao Vongvilay Oliver Bottini

Das Taiji der Fünf Tiere

Meditation in Bewegung

Mitarbeit: Alexandra Jakubik

O.W. Barth

Die in diesem Buch vorgestellten Übungen werden seit vielen Jahrhunderten praktiziert und auch in unserer Zeit unterrichtet und ausgeführt. Sie können den Leser zu Gesundheitsvorsorge und Selbsthilfe bei alltäglichen Beschwerden anleiten. Keinesfalls jedoch sollen sie ärztlichen Rat oder ärztliche Hilfe ersetzen. Eine Haftung der Autoren und des Verlags sowie der anderen an diesem Buch beteiligten Personen für etwaige Schäden, die sich aus dem Gebrauch oder Missbrauch des in diesem Buch präsentierten Materials ergeben, ist ausgeschlossen.

www.fischerverlage.de

Erschienen bei O.W. Barth, ein Verlag
der S. Fischer Verlag GmbH, Frankfurt am Main

Fotos: Alexandra Jakubik
Satz: H & G Herstellung, Hamburg
Druck und Bindung: Ebner & Spiegel, Ulm
Printed in Germany

ISBN-13: 978-3-502-61161-5
ISBN-10: 3-502-61161-0

Inhalt

»Der Meister erledigt seine Arbeit
und lässt es damit gut sein.
Er begreift, dass das Universum
sich für immer der Kontrolle entzieht
und dass der Versuch, Ereignisse zu beherrschen,
der Strömung des Dao zuwiderläuft.
Weil er an sich selbst glaubt,
versucht er nicht, andere zu überzeugen.
Weil er mit sich selbst zufrieden ist,
braucht er nicht den Beifall anderer.
Weil er sich selbst akzeptiert,
akzeptiert ihn die ganze Welt.«

Aus dem Daodejing

Vorbemerkung

»Sei einfach so«, begann mein Meister Loang Poh Lu. «Wenn du die Tiere nachahmst, kannst du deine Natürlichkeit fühlen. Es ist ganz einfach, ein Bär zu sein. Er ist nicht belastet mit Vordenken, Nachdenken, Bedenken und Überdenken. Er ist ganz einfach so. Deine Bewegungen sollen so sein, wie die Natur es dir zeigt, sie ist in vielen Dingen unser Vorbild, und du kannst viel von ihr lernen. Schon vor langer Zeit haben wir vergessen, was die Natur uns alles zeigen kann. Wir haben vergessen, dass wir ein Teil von ihr sind, und die Tierübungen sollen uns daran erinnern. Mit deinen Augen sollst du die Form wahrnehmen.

Was meine ich damit?

Stell dir einen Affen vor, der blitzschnell alles um sich herum sieht und nie (oder nur ganz selten) beim Sprung zum nächsten Baum den Ast verfehlt.

Mit deinen Ohren sollst du so gut hören lernen wie ein Tiger, der auf der Lauer liegt. Er muss genau hören, wie weit die Beute entfernt ist. Oft sieht er durch das hohe Gras nicht, wer vor ihm ist, und die Stille seines Lauerns macht seinen Angriff erfolgreich.

Mit deiner Nase sollst du riechen wie ein Bär, der die Wurzeln in der Erde sucht. Findet er nichts, oder irrt er sich gar, dann ist sein Leben zu Ende.

Mit der Zunge lernst du zu schmecken, wie eine Schlange auf Beutezug schmeckt. Sie züngelt und schmeckt den Duft der Beute, lange bevor diese in ihrer Nähe ist.

Mit deinem Körper lernst du zu tasten, wie der Kranich

nach dem Fisch tastet. Geduldig steht er da und fühlt mit seinen Krallen im Schlamm. Ein Eindruck, nur eine leichte Berührung, und schon hat er zugeschlagen.

Und über allem steht dein Geist, der alles verbindet und dich zum Menschen werden lässt.

Also übe fleißig und bedenke, dass die Tiere auch in Verbindung mit dir sind.«

An dieser Stelle möchte ich mich bei allen meinen Schülerinnen und Schülern herzlich bedanken. Sie haben es mir ermöglicht, meine Kunst weiterzugeben und lebendig zu erhalten.

Lao Vongvilay

I

Vor dem Üben

1 Wissenswertes zum Taiji

Was ist Taiji?

Ganz allgemein gesagt, ist Taijiquan eine traditionelle, ursprünglich chinesische Bewegungslehre, die körperlich und geistig geübt wird und sich sehr wohltuend auf die physische und psychische Gesundheit auswirken kann. Die einzelnen Bewegungen sind festgelegt und werden in verschiedenen Sequenzen, den »Formen«, durchgeführt. Wichtig ist, neben der korrekten Übung dieser Formen, eine ruhige, natürliche Atmung. Die Bewegungen sind fließend, weich und rund. Innerhalb der Sequenzen gibt es keine abrupten Abbrüche, sondern man wechselt laufend zwischen Anspannung und Entspannung.

Wirkung des Taiji

Taiji wirkt entspannend und beruhigend. Der Übende fühlt sich erholt, selbst nach einem anstrengenden Tag. Der chinesischen Vorstellung zufolge erhält und fördert der durch das ganzheitliche Taiji angeregte Fluss des Qi, der allumfassenden Energie, die Gesundheit des Menschen. Man lernt durch die Übungen, sich zu konzentrieren und zugleich zu entspannen. Außerdem wird man sich seiner Bewegungen, seiner Atmung und seiner geistigen Verfassung bewusst. Dadurch verändert sich die äußere Haltung, was wiederum die persönliche Einstellung beeinflusst.

Historisches

Die chinesische Kunst des Taijiquan[1] ist mehrere tausend Jahre alt. Wann und bei welcher Gelegenheit genau sie »erfunden« wurde, ist wissenschaftlich nicht gesichert. Es gibt dazu viele Geschichten, Mythen und Legenden, und wir wollen hier einige nennen.

So kennt man in China beispielsweise die Geschichte vom Kloster in den Wudang-Bergen. Hier soll einem Mönch der Kaiser Xuan Qu erschienen sein, um ihm bestimmte Bewegungen zu zeigen, die als Vorläufer des Taiji gelten. In den daoistischen Klöstern, die seit dem 4. Jahrhundert v. Chr. entstanden, entwickelten sich im Einklang mit der Natur Übungen, die auf der Beobachtung von Tieren und deren Bewegungen basierten.

Auch Huangdi, der »gelbe Kaiser«, empfahl in seinem berühmten Buch *Huangdi Neijing (Des Gelben Kaisers klassisches Buch der inneren Medizin),* das vermutlich im 3. oder 2. Jahrhundert v. Chr. entstand und heute als *Der Gelbe Kaiser* bekannt ist, Übungen zu praktizieren, um den Fluss der Lebensenergie zu unterstützen.

Wichtig für die Entwicklung des Taiji im daoistischen China war die Ausformung und Popularisierung des Buddhismus durch Bodhidharma, den Sohn eines südindischen Brahmanenkönigs. Bodhidharma (auch P'u-t'i-ta-mo oder Tamo), Begründer des chinesischen Zen-Buddhismus, gelangte um 520 n. Chr. mit einem Schiff nach China, wo er im heutigen Kanton an Land ging. Der Buddhismus war damals im Reich der Mitte seit den ersten nachchristlichen Jahren in Wort und Schrift bekannt und fand allmählich neben Daoismus und Konfuzianismus Verbreitung. Im Shaolin-Kloster entwickelte

Bodhidharma seine spezifische Form des Buddhismus und wurde zum ersten großen Zen-Meister. Er veränderte die chinesischen Meditationstechniken wahrscheinlich durch Übungen des indischen Yoga, weil er festgestellt hatte, dass es vielen Mönchen gesundheitlich nicht gut ging.

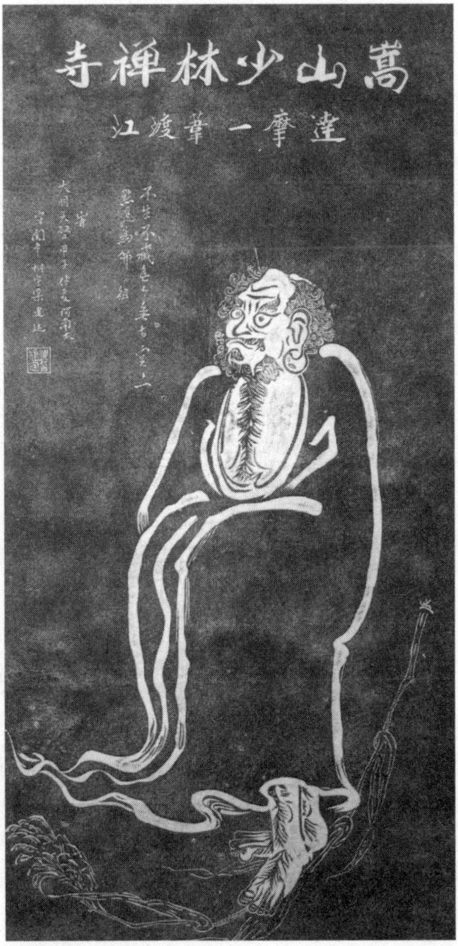

Bodhidharma

Das Taijiquan, auf dem die heute praktizierten Stile basieren, soll der daoistische Mönch Zhang Sanfeng im 12. Jahrhundert entwickelt haben. Er lernte die Kampfkünste in der Tradition der Shaolin (die so genannte »harte Form«), wie das Kung Fu, und wanderte dann in die Wudang-Berge. Dort entwickelte er eine »weiche« oder auch »innere« Form, bei der die Kraft aus dem Dantien geholt und keine äußere Energie angewendet wird. Angeblich hatte er einmal einen Kampf zwischen einer Schlange und einem Kranich beobachtet. Obwohl der Kranich immer wieder kraftvoll und schnell mit dem Schnabel nach der Schlange stieß, gelang es ihm nicht, sie zu besiegen. Diese Beobachtung animierte Zhang zu seiner weichen Form der Kampfkunst.

Einer der frühesten anerkannten Taiji-Meister war Xuan Yuanzi, der in Hunan in den Bergen lebte und dort von Kloster zu Kloster wanderte. Schließlich ließ er sich in den Wudang-Bergen nieder. Von Xuan ist folgender Spruch überliefert: »Die Übungen der dreizehn Ausdrucksformen des Taiji sind leicht und schwer zugleich.«

Etwa ab dem 18. Jahrhundert begann sich das Taiji in China auszubreiten. Im Zuge dieser Entwicklung bildeten sich verschiedene Stile heraus. Sie alle basierten jedoch auf dem Prinzip des weichen, inneren Stils, der zwar Kampfkunst war, doch im Gegensatz zum harten Kung Fu die gesundheitlichen und meditativen Aspekte in den Vordergrund stellte.

In den Fünfzigerjahren des vergangenen Jahrhunderts entwickelte die chinesische Regierung ein Förderprogramm und unterstützte vereinfachte Formen des Taiji, in deren Zentrum der gesundheitliche Aspekt stand. Während der Kulturrevolution in den Sechzigerjahren war Taiji in China verboten, erst seit Beginn der Siebzigerjahre darf es wieder praktiziert werden. Heute ist Taiji in China ein Massensport, der überall auch in der Öffentlichkeit geübt wird. Meistens übt man in Gruppen. Das alte Konzept von Meister und Schüler hat sich dabei gehalten.

Mittlerweile hat sich das Taiji im Westen ebenfalls im Gesundheitssystem etabliert. Auch in Deutschland bieten beispielsweise die Krankenkassen Kurse an. Fast überall hat sich die Erkenntnis durchgesetzt, dass man durch regelmäßig geübtes Taiji die Gesundheit fördern, zu innerer Ruhe und Ausgeglichenheit finden und Kraft und Energie schöpfen kann.

Ein daoistisches Sprichwort

»Wer regelmäßig Taiji übt, bekommt im Laufe der Zeit die Geschmeidigkeit eines Kindes, die Gesundheit und die Kraft eines Holzfällers und die Gelassenheit eines Weisen.«

Der Daoismus

Laozi und das Daodejing

Prägend für das Taiji war, wie schon deutlich wurde, der Daoismus (wörtl. etwa »Lehre des Weges«). Die Entstehung dieser originär chinesischen Religion und Philosophie lässt sich auf das 4. Jahrhundert v. Chr. datieren, als das bedeutendste daoistische Werk in seiner heutigen Form erschien, das *Daodejing* (früher als *Tao-te ching* bzw. *Tao-te king* transkribiert). Die Überlieferung schreibt die Urfassung des *Daodejing* dem »Alten Meister« Laozi (Lao-tzu, Laotse) zu, der im 6./5. Jahrhundert v. Chr. lebte. Das *Daodejing* enthält Überlegungen zu den beiden wesentlichen Konzepten des Daoismus, *Dao* und *De*.

Dao und De

Der Daoismus besteht aus einer philosophischen und einer religiösen Strömung. Zentraler Begriff für beide ist das Dao (Tao, chin., »Weg, Lauf der Natur«, aber auch »Lehre, Welturgrund«). Es kann nur in der mystischen Versenkung – beispielsweise mit Hilfe von Atemübungen – begriffen werden.

Dao ist mit einfachen Worten der Lauf des Lebens und der Natur, Wachstum und Wandel. Es lehrt, dass der Mensch mit jeder Bewegung »mitgehen« soll, wie ein Schwimmer im Wasser. Er soll sich nicht an etwas klammern in der Hoffnung, dass es beständig wäre. Denn wie das Wasser eines Flusses befinden sich alle Dinge und Wesen in permanenter Veränderung: Nichts ist beständig. Die Hoffnung auf Dauerhaftigkeit, das »Anhaften« bringen Unzufriedenheit, Unruhe und Leid mit sich. Der Daoismus geht so weit zu sagen, dass alles, was sich nicht verändere, tot sei und deshalb nicht wachsen und nicht vollkommen werden könne.

Der philosophische Daoismus, der auf Laozi und das *Daodejing* zurückgeht, sieht das Dao als allumfassendes Prinzip, das allen Dingen zugrunde liegt. Das ideale menschliche Verhalten ist das »absichtslose Handeln«, chin. *Wu-wei. Wu* heißt etwa »Nicht-Sein« und meint das Fehlen sinnlich wahrnehmbarer Eigenschaften. Menschen, die Begierden und Leidenschaften überwunden haben, sind »leer« im Sinne des Wu. Die Anhänger der religiösen »Spielart« des Daoismus haben die physische Unsterblichkeit zum Ziel. Meditation, Alchemie, Gymnastik, Atemübungen (Embryonalatmung) und bestimmte sexuelle Praktiken sollen helfen, sie zu erreichen.[2]

Der Begriff De (wörtl. »Tugend, Kraft«) meint die Wirkkraft des Dao, aber auch die durch dessen Verwirklichung erreichte Tugend. Wie das Dao soll das De, dem *Daodejing* zufolge, den Menschen in die Lage versetzen, zur kindlichen Unschuld, zur Schlichtheit zurückzukehren.[3]

Zitat aus dem *Daodejing*

»Nichts auf der Welt
ist so weich und nachgiebig wie Wasser.
Doch zum Auflösen des Harten und Unbeweglichen
ist nichts besser geeignet.
Das Weiche überwindet das Harte;
das Sanfte überwindet das Starre,
jeder weiß, dass dies zutrifft,
aber nur wenige können danach handeln.«[4]

Bedeutung der Schriftzeichen

Die Bezeichnung »Taijiquan« setzt sich im Chinesischen aus 3 Schriftzeichen zusammen. Das Zeichen für »Tai« bedeutet »das Höchste, das Allergrößte«. Es ist oft Bestandteil von Wörtern wie »Kosmos«, »Weltraum« oder auch »Lehrer«.

太

»Tai«

Das Zeichen für »Ji« wird im Westen oft mit dem Wort »Chi« bzw. »Qi« (die universelle Energie) verwechselt. Aber im Chinesischen wird ein ganz anderes Schriftzeichen verwendet:

極

»Ji«

»Ji« bezeichnet »ganz außen«, »äußerster Punkt«, »letztes Ende«, aber auch »Firstbalken«. Man findet es in Wörtern wie »Zenit« oder »beste Qualität«, und es steht für die Einheit vor der Trennung in Yin und Yang.

Die Zusammensetzung »Taiji« (nach der Wade-Giles-Transkription »T'ai-chi«) stammt aus dem *I Ging*, dem berühmten *Buch der Wandlungen*. Diese Sammlung von Weisheiten und Orakeln konfuzianischer und daoistischer Prägung entstand in der Übergangszeit von der Shang- (auch »Yin« genannt) zur Zhou-Dynastie, also etwa um 1100 v. Chr.

Das 3. Zeichen – »Quan« – meint »Faust« oder »Stock«.

拳

»Quan«

Der Begriff »Taijiquan« kann also wörtlich mit »Die Faust des höchsten Letzten« übersetzt werden. »Faust« bezieht sich auf den Aspekt der Kampfkunst, »Taiji«, das »höchste Letzte«, ist der Urgrund allen Seins, aus dem die beiden Grundkräfte Yin und Yang entstehen. Taiji erschafft alles in einem dauernden Wechselspiel von Ruhe (Yin) und Aktivität (Yang), das die Fünf Elemente – Wasser, Holz, Feuer, Erde und Metall – hervorbringt. Aus den Fünf Elementen bestehen der chinesischen Lehre zufolge die Materie und alle Lebensprozesse.

Cheng Man-ch'ing schreibt in seinem Buch *Dreizehn Kapitel zu T'ai Chi Chuan*:

> Es ist von tiefgründiger Bedeutung, dass der Begriff »T'ai Chi« zur Bezeichnung einer Kampfkunst gebraucht wird. T'ai Chi ist die Mutter von Yin und Yang und umfasst alle Erscheinungen, die diese Welt ausmachen. Das *I Ging* legt dar, dass aus dem T'ai Chi die beiden ursprünglichen Kräfte Yin und Yang entstehen. Wenn Yin seinen Höhepunkt erreicht, erzeugt es Yang; wenn Yang seinen Gipfel erreicht, erzeugt es Yin. Der ständige Wechsel zwischen hart und weich, Bewegung und Ruhe gründet auf diesem Prinzip.[5]

ZITAT AUS DEM *I GING*

»Wer weiß, redet nicht; wer redet, weiß nicht.«[6]

Stile

Bis ins 19. Jahrhundert hinein existierten im Taiji offiziell 5 Hauptstile, die jeweils einer Familie/Schule zugeschrieben wurden. Es heißt, dass die Bewegungen dieser Stile nur Familienmitgliedern gelehrt wurden.

Der Chen-Stil

Begründer des Stils der Familie Chen ist Chen Wang Ting (1597–1664). Über diesen verhältnismäßig alten Stil ist wenig bekannt, und er wird immer seltener praktiziert. Wir wissen aber, dass die Bewegungen stark auf den Kampf ausgerichtet waren und dass die Formen sehr lang waren – sie bestanden aus 71 bis 89 Bewegungen. Aus dem ursprünglichen *alten Chen-Stil* gingen zwei weitere Stile hervor, der *neue Chen-Stil* sowie der *kleine Chen-Stil.*

Der Yang-Stil

Yang Fu Kui (1799–1872), auch bekannt unter dem Namen Yang Lu Chan, gilt als Begründer des berühmten Yang-Stils. Er stammte aus dem Dorf Yong Nin in der Provinz He Bei und war lange Zeit als Diener bei der Familie Chen tätig. Er lernte heimlich von Chen Chang Xing (1771–1853), dessen Training er nachts beobachtete, und entwickelte dessen Stil später in Beijing weiter. Aus dem Yang-Stil entstanden die *Beijing-Form* mit 24 Folgen und der *neue Yang-Stil* mit 88 Folgen. Diese Formen konzentrierten sich bereits auf den Gesundheitsaspekt; der Kampf spielt hier kaum noch eine Rolle.

Der Yang-Stil von Cheng Man-ch'ing

Dem Yang-Stil wird auch die Form von Cheng Man-ch'ing (1901–1975) zugerechnet, der den langen Ablauf von 108 Figuren auf 37 verkürzte. Die Form dauert nicht länger als etwa 12 Minuten und ist sehr beliebt. Cheng Man-ch'ing lernte bei der Yang-Familie und studierte außerdem Medizin, Malerei und Kunst. Weil er fand, dass die Yang-Form zu lang wäre, kürzte er viele Wiederholungen heraus, behielt aber alle wesentlichen Aspekte des Yang-Stils bei.

Ein Wort von Cheng Man-ch'ing

»Der wichtigste Grund [für das Erlernen von Taiji] ist, dass dir, wenn du endlich zu einer gewissen Einsicht gekommen bist und verstehst, worum es im Leben geht, dann noch etwas Gesundheit geblieben ist, um es zu genießen.«[7]

Die beiden Wu-Stile

Im 18. Jahrhundert entstand in der Provinz Henan der *alte Wu-Stil.* Man sagt, dass Wu Yu Xiang aus den damals populären Bewegungssequenzen der Yang- und der Chen-Familie eine neue Form kreierte. Sie bestand aus kreisförmigen Bewegungen, die wenig Platz benötigten und mit wenigen Stellungen auskamen. Yu war ein Sohn der Wu-Familie, die fest in den alten Künsten verwurzelt war. Er lernte bei einem Taiji-Meister den Chen-Stil, bevor er nach vielen Jahren den Wu-Stil begründete. Der alte Wu-Stil ist vor allem in China sehr populär. Der *neue Wu-Stil* geht auf Wu Jian Quan (1870–1942) zurück und gleicht dem Yang-Stil. Er wird überwiegend in Hongkong und Singapur geübt und beinhaltet auch Partnerübungen, Waffenformen und den Freikampf.

Der Sun-Stil

Begründer des Sun-Stils ist Sun Lu Tang (1860–1932). Kennzeichen dieses Stils sind rasche, stoßende Bewegungen, die vorwärts und rückwärts ausgeführt werden. Vor allem in Taiwan praktiziert man die Form des Sun Lu Tang, die 97 Bewegungen umfasst. Wichtigster Aspekt in diesem Stil ist die Ausbildung der inneren Kraft *(neijing).*

Das Taiji der Fünf Tiere

Tiere als Vorbilder

Diese alte und traditionelle Form des Taiji, die Lao Vongvilay in seiner Kindheit und Jugend im Kloster lernte und seitdem unterrichtet, verbindet Elemente verschiedener Stile. Grundlage sind die Bewegungen von Bär, Kranich, Schlange, Affe und Tiger.

Schon in der Frühzeit der chinesischen Geschichte studierten die Menschen die Tiere, um die Prinzipien der Natur kennen zu lernen. Standen anfangs noch rituelle Zwecke, Jagd oder Anbetung im Vordergrund, begann man bald, in den Tieren eine perfekte Verkörperung der Natur zu sehen. Aus der Beobachtung ihres Verhaltens, so glaubte man, ließen sich auch für den Menschen wesentliche Erkenntnisse beispielsweise in Bezug auf Überleben, Gesundheit, Wohlbefinden ziehen. Bronzegefäße aus der Shang-Dynastie (16. bis 11. Jahrhundert v. Chr.) zeigen Abbildungen von Menschen, die Bewegungen von Tieren wie dem Tiger, der Schildkröte oder dem Kranich nachahmen. Die Forschung nimmt an, dass man schon damals die Eigenschaften und Fähigkeiten der Tiere für sich nutzen wollte.

Zuangzhi, ein daoistischer Philosoph des 3. vorchristlichen Jahrhunderts, verordnete den Menschen Bewegungen von Bär und Vogel, um ihre Gesundheit zu erhalten:

> Schnauben und den Mund aufsperren, ausatmen und einatmen, die alte Luft ausstoßen und die neue einziehen, sich recken wie ein Bär und strecken wie ein Vogel: Das ist die Kunst, das Leben zu verlängern. So lieben es die Weisen, die Atemübungen treiben …[8]

Auf dem Daoyin Tu, einer etwa 50 Zentimeter breiten und 100 Zentimeter langen Seidenrolle aus dem Jahr 168 v. Chr., sind Menschen abgebildet, die Gesundheitsübungen betreiben. Das Tuch lag im Grab des Königs Ma, das erst 1973 entdeckt wurde, und enthält insgesamt 44 Figuren, die Atem-, Bewegungs- oder Selbstmassageübungen ausführen. 10 dieser Figuren sind nach Tieren bezeichnet, darunter Bär, Kranich und Wolf. In Erläuterungen werden bestimmte gesundheitliche Probleme – wie Blähungen, Nierenerkrankungen, Ängste, Rheuma – erwähnt, denen durch spezielle Körperübungen begegnet werden sollte.

Im Einklang mit der Natur

Mit der Natur in Einklang sein, zum Ursprung zurückfinden – das ist das grundlegende Bedürfnis hinter dieser Haltung, und dieses Bedürfnis spiegelt sich neben daoistischem Gedankengut und Einflüssen aus der Traditionellen Chinesischen Medizin auch im Taiji der Fünf Tiere wider. Die Bewegungen der Tiere stellen die Verbindung zur Natur her: Der wilde Bär, der schnelle Vogel, der mächtige Tiger, die gewandte Schlange, der flinke, clevere Affe.

Guorui Jiao schreibt in *Das Spiel der fünf Tiere*:

> Um mit der Natur in Einklang leben zu können, muss sich der Mensch aller Aspekte des menschlichen Lebens bewusst sein. Ein wichtiger Aspekt ist die »Wildheit«, die dem Menschen innewohnt, d. h. die ursprüngliche Kraft und Natürlichkeit alles Lebendigen. Das Sich-Wiederfinden in ursprünglichen, natürlichen Bewegungsformen und das Ausdrücken von ursprünglichen, allen Menschen innewohnenden Lebensgefühlen und Kräften, wie

Erdverbundenheit (Bär), Leichtigkeit (Vogel), Mächtigkeit (Tiger) und Geschmeidigkeit (Schlange), in Körperhaltungen und Bewegungen, in Gestik und Mimik, galten als wichtige Übungen zur Pflege des Lebens.[9]

Der Süa Lag Hang-Stil der Fünf Tiere

Meister Lao Vongvilays Stil, der Süa Lag Hang-Stil, besteht aus einer Grundform und 6 verschiedenen Tierformen – Affe, Kranich, Tiger, Schlange, Bär und Tanzvogel. Bis auf den Tanzvogel stellt er im Folgenden Teile dieser (an sich längeren) Formen vor.

Da das Taiji der Fünf Tiere von Tierbewegungen abgeleitet wurde, sollte man sich die jeweiligen Tiere ins Gedächtnis und vor Augen rufen und versuchen, ihre Bewegungen nicht nur nachzuahmen (im Idealfall, wie Guorui Jiao schreibt, »in Gestik und Mimik«), sondern auch nachzuempfinden. Machen Sie sich bewusst, dass jede Form ihren eigenen Charakter hat, weil jedes Tier über einen eigenen Charakter und eine eigene Bewegungsart verfügt. (Mehr dazu finden Sie in Teil II dieses Buches bei den jeweiligen Formen.)

Die hier veröffentlichten Taiji-Formen sind jeweils der erste Teil einer 3-teiligen Form. Sie können sie einzeln oder auch hintereinander üben. Die Bärenform ist als Anfangsform gut geeignet, weil sie sehr »gymnastisch« und gut für die Beweglichkeit ist. Bitte führen Sie alle Übungen einer Form übergangslos und ohne Pausen aus

Die elementare Lebenskraft Qi

In diesem Buch ist immer wieder vom Qi die Rede, das bei so gut wie allen asiatischen Bewegungslehren eine überragende

Bedeutung hat. Deshalb folgen hier einige grundsätzliche Erklärungen.

Qi ist die elementare Lebenskraft, jene universelle Energie, die dem menschlichen Leben, ja dem ganzen Universum zugrunde liegt. Die chinesischen Daoisten sagten:

> Der Urquell, von dem Sonne, Mond und Sterne ihr Licht aktivieren, Donner, Regen, Wind und Wolken ihr Sein, die vier Jahreszeiten und die unzähligen Dinge ihre Geburt, ihr Wachstum, ihr Zusammenkommen und ihre Erhaltung – all dies geschieht durch Qi. Dass der Mensch lebendig ist, hängt völlig von diesem Qi ab.[10]

Qi ist also die existenzielle Kraft des Universums. Wir erhalten es bei der Zeugung von unseren Eltern und nehmen es dann von der ersten Sekunde unseres Lebens an aus unserer Umgebung auf (durch Nahrung, Atmung, Bewegung). Es ist unsere Basis, die Essenz des Lebens – und damit eine grundlegende Voraussetzung für Gesundheit.

Eine buddhistische Anekdote

Eines Tages fragte der Schüler seinen Meister: »Meister, wie setzt Ihr Erleuchtung in die Tat um? Wie praktiziert Ihr sie im Alltag?

»Indem ich esse, und indem ich schlafe«, antwortete der Meister.

»Aber, Meister, jeder isst, und jeder schläft.«

»Aber nicht jeder isst, wenn er isst, und nicht jeder schläft, wenn er schläft.«[11]

Äußeres und inneres Qi

Es gibt zwei »Formen« von Qi – das äußere und das innere Qi. Das äußere Qi ist überall um uns herum vorhanden, das innere befindet sich in uns. Um gesund zu bleiben, brauchen wir beide. Indem wir äußeres Qi aufnehmen, stärken wir unser inneres Qi.

Das äußere Qi

Allgemein nennt man das äußere auch universelles Qi. In Indien heißt es *Prana*, in Japan *Ki*, in Thailand *Gam Rang Pai Nog*. Wir nehmen es mit dem bewussten Atmen in uns auf (Hinweise zum richtigen Atmen finden Sie auf Seite 38). Wenn man den Geist und die Sinnesorgane öffnet, kann man das äußere Qi sehen beziehungsweise wahrnehmen, z. B. in den Wolken, der Luft, dem Wind, in Feuer, Sonne, Mond, Hitze, Wasser, Erde und dem weiten Universum. Das äußere Qi ist kalt und warm, feucht und trocken. Egal, ob wir stehen, liegen, laufen, gehen oder sitzen, immer können wir das äußere Qi spüren. Das bewusste Atmen und die Übungen helfen uns dabei. Wenn wir uns das äußere Qi bewusst machen, schützt es uns wie die dicke Haut den Elefanten, wie die harte Schale die Kokosnuss. Dann stärkt es unsere Vitalität und bewahrt uns vor Krankheiten und Verletzungen.

Das innere Qi

Die Gesamtheit aus Wärme, Hitze, Kälte, Feuchtigkeit, Trockenheit in unserem Körper, die Energie in uns – das ist das innere Qi. Wir nähren es durch das, was wir essen und trinken, durch die richtige Bewegung und durch unseren Atem. Das innere Qi wird im »Energiezentrum« des menschlichen Körpers gesammelt, dem unteren Dantien (s. u.), das 3 Fingerbreit unterhalb des Nabels liegt. Von diesem Bereich (in der Akupunktur ein Punkt, in Taiji, Qi Gong und den Kampfkünsten ein Feld) geht nach fernöstlichem Glauben alle Kraft aus, von hier fließt das Qi in die Körperregionen, in denen es benötigt wird. Deshalb ist es wichtig, dass im Dantien immer ausreichend Qi vorhanden ist. In Asien versteht man das innere Qi als Teil der kosmischen Energie, die auch alle anderen Lebewesen durchströmt. So ist jeder mit jedem und allem verbunden.

Negatives und positives Qi

Das Qi hat eine negative oder eine positive Kraft, je nachdem, wie wir mit unseren Erfahrungen und uns selbst umgehen. Wenn wir permanent grübeln, nicht von Enttäuschungen, Erinnerungen, düsteren Gedanken loskommen, wenn wir uns vor Krankheiten und dem Tod ängstigen, dann entsteht negatives Qi. Wenn wir dagegen im Leben gut zurechtkommen, unsere Erfahrungen sinnvoll nutzen, uns selbst helfen und heilen, unsere Ausdauer stärken und uns mit positiven Gedanken beschäftigen, entsteht positives Qi.

Yin/Yang und Qi

Sicher kennen Sie die chinesischen Begriffe »Yin« und »Yang«.

Yin steht zum Beispiel für

- Weiblichkeit
- Nacht
- Mond
- Körper
- Schwäche

Yang steht zum Beispiel für

- Männlichkeit
- Tag
- Sonne
- Geist
- Stärke

Wenn sich die Energien von Yin und Yang verbinden, bildet sich Qi. Dabei ist das richtige Verhältnis von Yin und Yang wichtig. Sind sie ausgewogen, dann fühlt man sich wohl, ist man gesund, und das Qi zirkuliert im Körper.

ZITAT AUS DEM *DAODEJING*

»Fülle deine Trinkschale bis zum Rand,
und sie wird überlaufen.
Schärfe dauernd dein Messer,
und es wird stumpf werden.
Jage Geld und Sicherheit nach,
und dein Herz wird sich niemals öffnen.
Sorge dich um den Beifall der Leute,
und du wirst ihr Gefangener sein.
Verrichte dein Werk, tritt dann zurück.
Das ist der Weg zur Gelassenheit.«[12]

Energiezentren

Der Traditionellen Chinesischen Medizin zufolge gibt es im menschlichen Körper verschiedene Energiezentren, die so genannten *Dantiens* (»Zinnoberfelder«, auch *Tan-t'iens*, jap. *Ha-*

ras). In diesen Bereichen sammelt sich das Qi auf seinem Weg über die Meridiane durch den Körper. Besonders wichtig sind folgende 3 Dantiens:

- das obere Dantien (das Dritte Auge), das leicht erhöht zwischen den Augenbrauen liegt
- das Brust-Dantien, das auf Höhe des Brustbeins etwa zwischen den Brustwarzen liegt
- das untere oder zentrale Dantien 3 Fingerbreit unter dem Nabel. Hier laufen verschiedene Meridiane zusammen, außerdem das vorgeburtliche Qi (der Eltern) und das nachgeburtliche (erworbene). Die Yin- und Yang-Meridiane können hier am besten angeregt und gefördert werden.

2 So bereiten Sie sich auf das Üben vor

Für das Taiji gilt in Bezug auf die Vorbereitung im Prinzip das Gleiche wie für das Qi Gong. Wir greifen deshalb im Folgenden auf Vorschläge zurück, die wir bereits in unserem Qi-Gong-Buch *Die Kraft des Tigers* genannt haben.

Der richtige Zeitpunkt

In Asien übt man vor allem am frühen Morgen oder am frühen Abend nach der Arbeit. Doch im Grunde genommen kann man Taiji zu jeder Tageszeit praktizieren. Gewöhnen Sie sich aber am besten eine feste Zeit und einen bestimmten Rhythmus an. Das fördert die Selbstdisziplin, und so wird es Ihnen auch eher gelingen, Ihre Taiji-Übungen zu einem festen Bestandteil Ihres Lebens zu machen.

Wenn Sie krank sind, sollten Sie sich nicht überfordern. Falls Sie gern in der freien Natur üben, verzichten Sie bei Unwetter, Regen und starkem Wind darauf, und üben Sie dann lieber in einem geschlossenen Raum. Frauen können während der Menstruation prinzipiell üben, sollten allerdings prüfen, ob sich die Übungen in dieser Zeit negativ auswirken.

Achten Sie darauf, dass Sie nicht zu hungrig und auch nicht zu satt (Völlegefühl) sind, wenn Sie üben. Durch die Übungen werden viele Körperfunktionen angeregt, deshalb gilt als Faustregel, dass man nach dem Essen etwa eine bis eineinhalb Stunden vergehen lassen sollte. Falls Sie morgens üben wollen, frühstücken Sie nur eine Kleinigkeit, und trinken Sie nach

Möglichkeit erst nach den Übungen Kaffee (wenn überhaupt!).

Zitat aus dem *Daodejing*

»Es gibt mancherlei Zeit –
Eine dafür, vorn zu sein;
eine dafür, hinten zu sein;
eine dafür, in Bewegung zu sein,
eine dafür, in Ruhe zu sein;
eine dafür, kraftvoll zu sein;
eine dafür, erschöpft zu sein;
eine dafür, in Sicherheit zu sein;
eine dafür, in Gefahr zu sein.
Die Meister sehen die Dinge, wie sie sind,
versuchen jedoch nicht, sie zu kontrollieren.
Sie lassen sie ihren eigenen Weg gehen
Und wohnen im Mittelpunkt des Kreises.«[13]

Die richtige Kleidung

Taiji soll entspannend wirken, deshalb zieht man am besten bequeme Kleidung an, beispielsweise ein T-Shirt oder ein Sweat-Shirt und eine weite Hose. Wenn Sie bei Ihren Übungen immer dieselbe Kleidung tragen, heißt das, Sie beginnen sie mit einem »Umziehritual« und legen dabei mit Ihrer gewöhnlichen Kleidung schon einen Teil des Alltags ab. Achten Sie darauf, dass Sie weder zu dünn noch zu dick angezogen sind, also nicht frieren oder stark schwitzen. Sie können barfuß üben oder in Socken, aber auch leichte Gymnastik- oder Sportschuhe tragen.

Der richtige Ort

Ein idealer Ort für die Übungen ist natürlich die freie Natur. Wenn Sie auf einer Wiese, im Wald, an einem Fluss, im Garten oder in einem Park Taiji machen können, wäre das großartig und sehr gesund für Körper und Geist. Der unmittelbare Kontakt zur Natur intensiviert die Wirkung der Übungen. Aber auch in ruhigen Räumen – einem Zimmer Ihrer Wohnung, einer Taiji-Schule etc. – können Sie hervorragend üben. Sie sollten nur darauf achten, dass Sie genug Platz haben. Wenn es draußen nicht zu kalt ist (und Sie nicht in einer lauten oder abgasreichen Gegend wohnen), dann öffnen Sie ein Fenster, um ein wenig mehr in Kontakt mit der Natur zu sein. Ganz abgesehen davon fühlt man sich wohler, wenn man frische Luft einatmet, als mit womöglich trockener Zimmerluft. Wichtig ist, dass Sie beim Üben Ruhe haben – schalten Sie das Handy aus, den Anrufbeantworter leise, und schließen Sie die Tür hinter sich. Die Mitglieder Ihrer Familie sollten wissen, dass Sie in Ihrer Übungszeit nicht gestört werden möchten.

Aufwärmen

Bevor Sie mit den Taiji-Übungen beginnen, sollten Sie zumindest ein paar Lockerungsübungen machen, um die Gelenke zu öffnen:

- Klopfen Sie erst Ihren Körper ab.
- Drehen Sie den Kopf sanft nach links und nach rechts, senken Sie ihn nach vorn, legen Sie ihn in den Nacken.
- Bewegen Sie die Schultern kreisend nach vorn und nach hinten.

- Lassen Sie die Hüfte nach links und nach rechts kreisen.
- Lassen Sie die Unterarme kreisen (Arme seitlich anheben, im Gelenk bewegen)
- Verschranken Sie die Hände vor dem Körper, und lassen Sie sie kreisen.
- Stützen Sie sich mit den Händen auf den Knien ab, und lassen Sie die Knie kreisen.
- Heben Sie einen Fuß, und lassen Sie ihn kreisen, dann den anderen.

Ideal wäre es, wenn Sie Zeit hätten, um sich ausgiebiger zu dehnen und aufzuwärmen. Je weniger Gelegenheit Sie dazu haben, desto behutsamer sollten Sie die Taiji-Übungen praktizieren.

ZITAT AUS DEM *DAODEJING*

»Halte das Kleine für groß
und das Wenige für viel.
Stell dich dem Schwierigen,
solange es noch leicht ist;
Vollbringe das große Werk
durch eine Reihe kleiner Schritte.«[14]

3 Erläuterungen

Richtig atmen

Richtig und bewusst zu atmen ist im Zusammenhang mit Bewegungslehren wie dem Taiji von großer Bedeutung. Für den Anfang und besonders dann, wenn Sie allein, also ohne Anleitung durch einen Lehrer oder Meister, üben, sollten Sie ein paar wichtige Prinzipien beachten.

- Achten Sie darauf, dass Ein- und Ausatmung möglichst gleich lang sind bzw. dass das Einatmen nicht kürzer ist als das Ausatmen.
- Atmen Sie natürlich und gleichmäßig, nicht zu stürmisch, am besten ohne Anstrengung und mit einem feinen Luftstrom.

Übung: Einseitig ein- und ausatmen

Unsere Atemgewohnheiten laufen normalerweise unbewusst ab. Beobachten Sie einmal, welches Nasenloch Ihr »dominantes« ist. Sie werden vielleicht feststellen, dass sich das verändert, z. B. bei einer Krankheit. Eine klassische Übung, mit der sich die Atemtechnik verbessern lässt, ist das einseitige Atmen, indem man ein Nasenloch zuhält. Dabei lernen Sie, das Verhältnis zwischen Ein- und Ausatmen ins Gleichgewicht zu bringen:

Setzen Sie sich in einer bequemen Haltung auf einen Stuhl oder ein Kissen. Sitzen Sie aufrecht, und achten Sie darauf, dass Ihre Wirbelsäule gerade ist. Entspannen Sie sich, und schließen Sie, wenn Sie wollen, die Augen. Atmen Sie zuerst ein paar Mal normal. Verschließen Sie dann mit dem rechten

Daumen das rechte Nasenloch, und atmen Sie durch das linke ein und aus. Nun verschließen Sie das linke Nasenloch mit dem Zeigefinger und atmen rechts ein und aus. Praktizieren Sie diese Übung (rechts verschließen, links verschließen) insgesamt 24-mal. Wenn Sie mit der Technik vertraut sind, können Sie die Übungszeit erweitern und sich zunehmend auf Ihre Körperempfindungen konzentrieren. Spüren Sie Verspannungen auf, und konzentrieren Sie sich vor allem beim Ausatmen auf diesen Körperteil.

Für die Taiji-Übungen gilt grundsätzlich folgendes Atemmuster: Atmen Sie bei Bewegungen zum Körper hin *ein*. Wenn Sie sich nach vorn, zur Seite oder ganz allgemein vom Körper wegbewegen, atmen Sie *aus*. Sie können auch zwei Atemzüge für eine Bewegung nutzen, wenn Sie nicht genug Atemvolumen haben oder die Bewegung sehr langsam ausführen. Wichtig ist nur, dass der Atemrhythmus regelmäßig ist.

Die 4 Richtungen

Der Verlauf der einzelnen Formen ist bis in die Richtung, in die man sich dreht, festgelegt. Deshalb wurden die einzelnen Bewegungen im Raum 4 Richtungen und 4 Nebenrichtungen, den so genannten »Ecken«, zugeordnet. Jeder Schritt und jede Bewegung orientiert sich an diesen Richtungsangaben.

Und so sind die Entsprechungen:
Nach vorn: 1. Richtung
Nach rechts: 2. Richtung
Nach links: 3. Richtung
Nach hinten: 4. Richtung

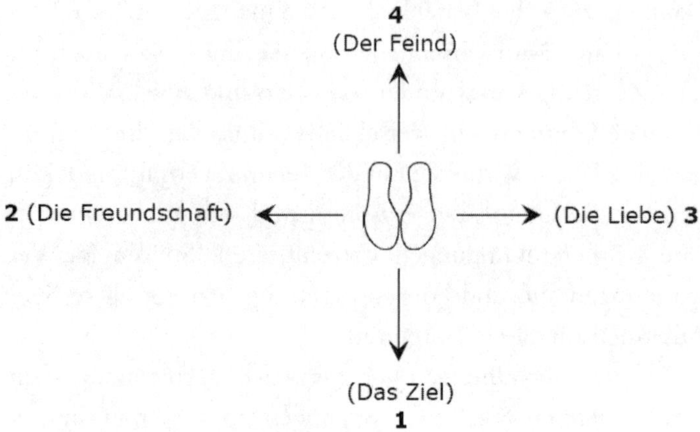

Die 4 Richtungen

Die Ecken orientieren sich an den Richtungen und werden immer mit Blick in die 1. Richtung benannt:

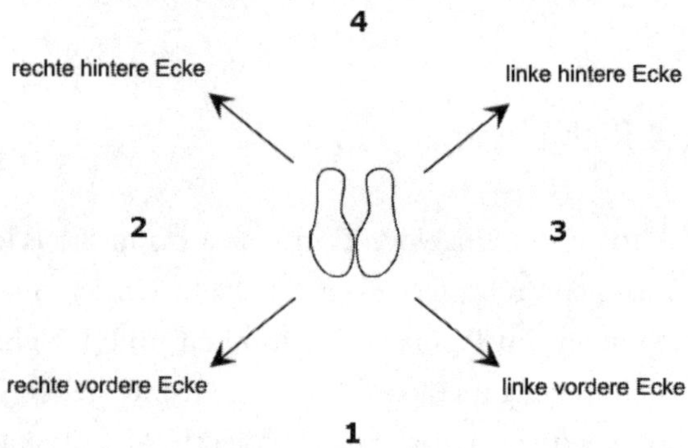

Die 4 Ecken

Die 4 Richtungen und die 4 Ecken zeigen nicht nur, wohin Sie sich bewegen oder drehen sollen, sind also nicht nur bloße Orientierungsanweisungen. Sie haben vielmehr auch eine symbolische Bedeutung:

- Das Ziel fest im Blick, bewegen wir uns vorwärts.
- Rechts und links sind wir umgeben von Liebe und Freundschaft, ohne die unser Leben nicht möglich wäre und ohne die wir unser Ziel nicht erreichen könnten. Aber es gibt auch negative Seiten des Lebens, denen wir entgegentreten müssen. Sie wirken als Feind auf uns ein, beeinflussen uns und unser Tun. Auch wenn man nicht nach hinten sehen kann, so kann man doch das Geschehen wahrnehmen und seinen Geist rückwärts wenden. Im übertragenen Sinn ist man so nach allen Seiten offen und präsent.

ZITAT

»Gibt es ein Vorne, dann auch ein Hinten;
gibt es ein Links, dann auch ein Rechts.«[15]

Baum- und Bärenstellung

Alle Formen beginnen und enden mit der Baumstellung. Dabei sind die Füße geschlossen (Abb. 1). Achten Sie hier schon auf die gleichmäßige Gewichtsverteilung auf Ferse und Ballen. Auch die Zehen sollten alle Kontakt zum Boden haben.

Um in die Bärenstellung zu kommen, verlagern Sie das Gewicht leicht nach rechts und setzen den linken Fuß in einem Bogenschritt (s. u.) etwa schulterbreit parallel ab (Abb. 2). Grundsätzlich wird der Fuß immer mit der Ferse zuerst aufgesetzt und dann nach vorn abgerollt.

1

2

Katzenstellung

Die Katzenstellung ist eine Art Zwischenstellung zwischen bestimmten Positionen. Dabei setzen Sie einen Fuß vorn schräg auf dem vorderen Fußballen ab und verlagern das Gewicht etwa zu 20 Prozent darauf. Das dient eher dazu, dass Sie das Gleichgewicht halten können (Abb. 3 und 4). In der Katzenstellung sind die Knie leicht gebeugt, sollten aber nie über die Fußspitze hinausragen. Achten Sie darauf, dass Ihre Stellung immer noch schulterbreit ist, wenn Sie den Fuß absetzen.

3

4

Drachenstellung

Die Drachenstellung ist eine klassische Taiji- und Kung-Fu-Stellung, die Ihnen in jeder Form begegnen wird. Sie stehen schulterbreit, ein Fuß befindet sich vor dem anderen, als würden Sie auf zwei Gleisen gehen (Abb. 5). Das Gewicht ist auf beide Beine gleichmäßig verteilt. Der vordere Fuß wird so abgesetzt, dass das Knie nicht über die Fußspitze hinauszeigt (Abb. 6). Sie gehen dabei leicht in die Knie und stehen ganz stabil.

5

6

Adlerstellung

Der Adlerstellung begegnet man auch beim Kung Fu und anderen Kampfkünsten häufig. Sie stehen mit aufrechtem Oberkörper, die Knie sind leicht gebeugt. Das Gewicht befindet sich auf einem Fuß, während der andere ein paar Zentimeter daneben nur mit dem Fußballen aufgesetzt wird. Die Ferse dieses Fußes wird nach oben gezogen. Die Zehen beider Füße sind nicht ganz parallel, sondern zeigen in leicht auseinander laufende Richtungen (Abb. 7).

7

Hundestellung

Die Hundestellung kennen Sie vielleicht aus dem Yoga. Dabei stützt man sich bei gestreckten Beinen mit den Händen auf dem Boden ab. Der Körper bildet ein »Dreieck« bzw. einen »Berg«. Die Füße zeigen leicht nach außen, stehen aber flach auf dem Boden, d. h., die Fersen sind abgesetzt. Der Po wird nach oben gestreckt, der Kopf befindet sich zwischen den Armen, die Hände liegen flach auf dem Boden (Abb. 8).

8

Gehtechniken

Beim Gehen gibt es Gesetzmäßigkeiten, die für jede Form des Taiji der Fünf Tiere gelten und auch in den meisten anderen Stilen befolgt werden. Der Schritt ist immer sicher, bedachtsam und leicht zugleich und trotzdem stabil. Man macht immer bogen- oder kreisförmige Schritte, und zwar, indem man nicht den geraden Weg geht, sondern erst kurz eine andere Richtung einschlägt. So wendet man sich beispielsweise erst in eine Ecke, um sich dann in die eigentliche Richtung zu drehen. Außerdem wird das Gewicht zuerst nach hinten verlagert, um die Gewichtsverlagerung auf das andere, dann freie Bein zu ermöglichen.

Der Bogenschritt

Im Bogenschritt offenbart sich dieses wichtigste Prinzip des Taiji – man verlagert das Gleichgewicht fließend. Nehmen wir an, Sie stehen in der Drachenstellung (s.o.) und möchten einen Bogenschritt nach vorn machen (Abb. 9).

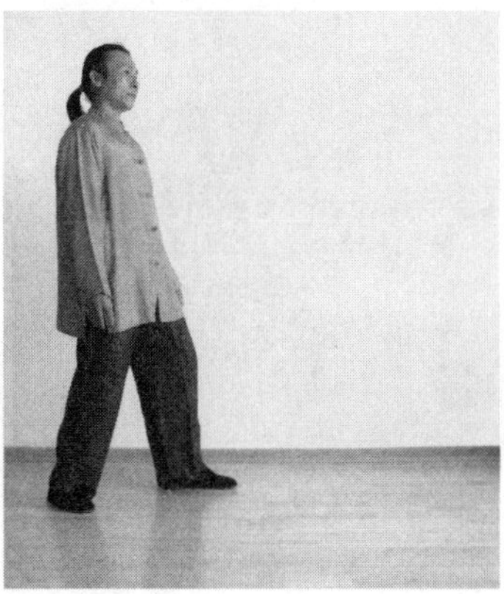

9

Dazu verlagern Sie erst das Gewicht nach hinten, also in unserem Beispiel auf den hinteren rechten Fuß (Abb. 10). So wird der linke Fuß frei von Gewicht, und Sie können die Fußspitze heben und nach außen in die linke vordere Ecke setzen (Abb. 11). Dann verlagern Sie das Gewicht langsam nach vorn und damit auf den linken Fuß. Der rechte Fuß wird in einem Bogen knapp am inneren Knöchel des linken Fußes vorbei nach vorn geführt, ohne den Boden zu berühren (Anfänger können die Fußspitze kurz absetzen [Abb. 12], um das Gleichgewicht nicht zu verlieren), und mit der Ferse zuerst abgesetzt (Abb. 13). Verlagern Sie abschließend das Gewicht auf den rechten Fuß (Abb. 14).

Beachten Sie, dass Sie den rechten Fuß schulterbreit vorn absetzen und nicht aus dem Gleichgewicht geraten. Stellen Sie sich vor, Sie bewegen sich auf einem Gleis voran.

10

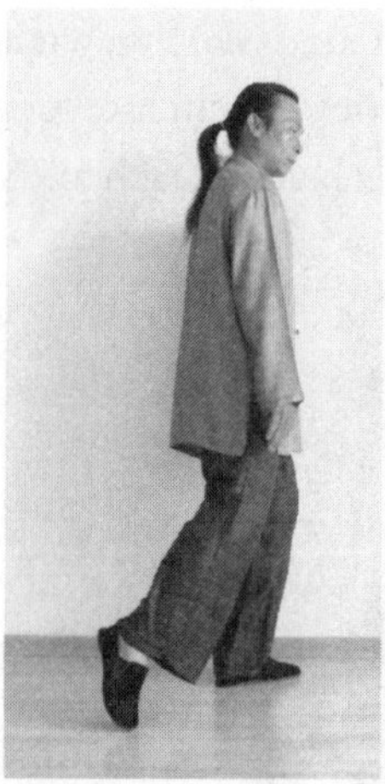

11

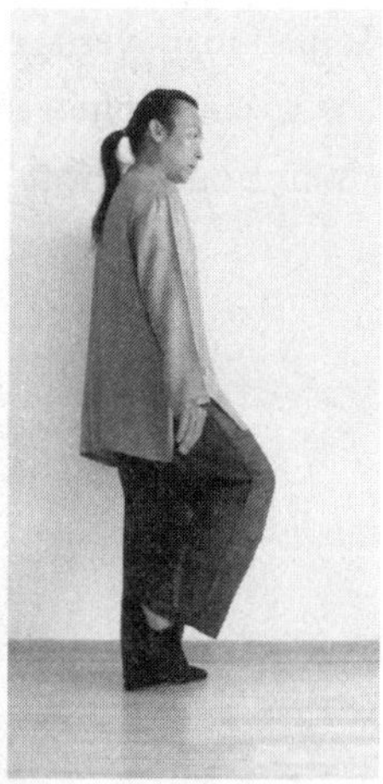

12

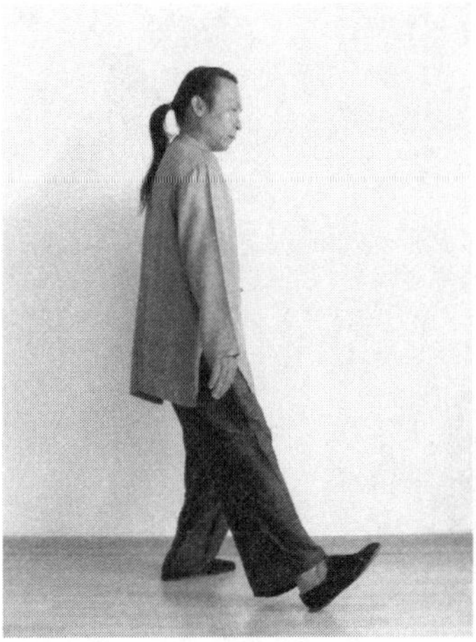
13

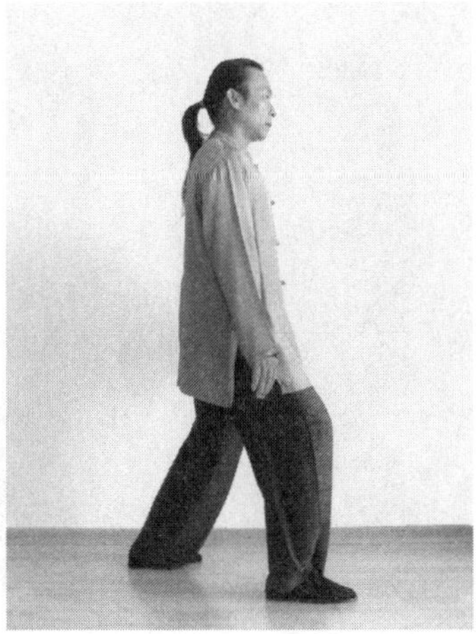
14

Der Scherenschritt

Der Scherenschritt ist eine Abwandlung des Bogenschritts. Ausgangsstellung ist in der Regel die Drachenstellung (Abb. 15). Sie verlagern das Gewicht nach hinten und drehen die linke Ferse in die Ecke (Abb. 16). So können Sie einen Bogenschritt nach vorn machen (Abb. 17). Wenn Sie die Ferse des rechten Fußes vorn absetzen, drehen Sie aber sofort weiter auf die Seite (im Beispiel weiter nach rechts) und den Rumpf ebenso nach rechts (Abb. 18). So kommen Sie in eine etwas tiefere Stellung mit gekreuzten Beinen, die Scherenstellung. Wenn Sie nun einen weiteren Scherenschritt machen wollen, bleibt das Gewicht vorn, und Sie setzen mit einem Bogenschritt und einer gleichzeitigen Oberkörperdrehung den linken Fuß vorn schulterbreit ab (Abb. 19). Dieser Schritt erfordert etwas Übung und genaue Koordination, damit die Knie nicht zu sehr belastet werden.

15

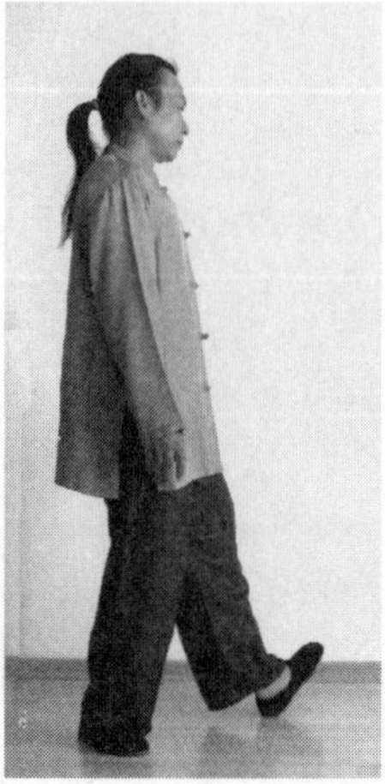
16

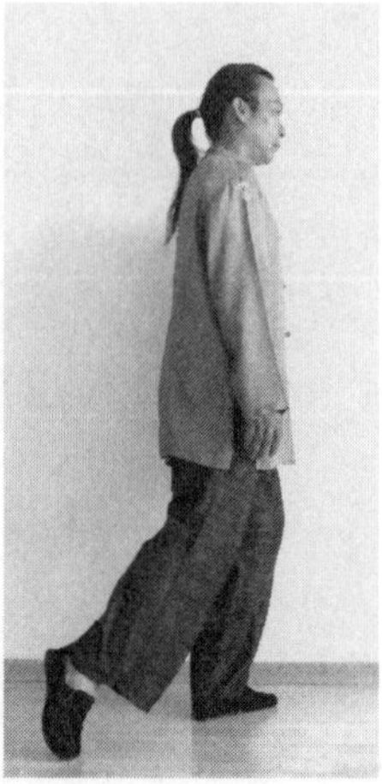
17

18

19

Die wichtigsten Handhaltungen

Die Tigerhand

Bei der Tigerhand sind die Finger leicht gekrümmt, die Handgelenke abgewinkelt (Abb. 20, 21).

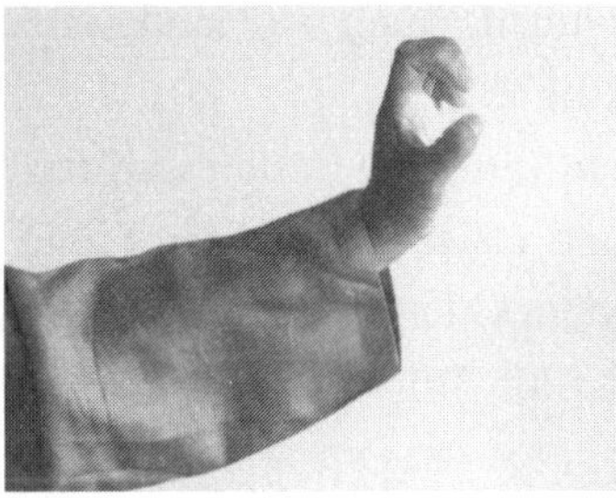

20

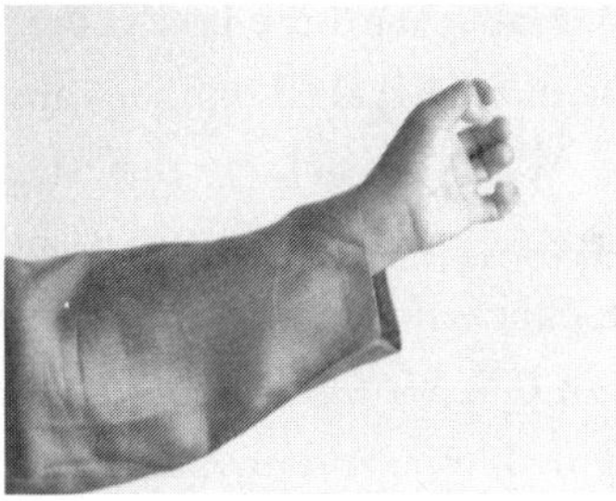

21

Kranichhand, Kranichkopf, Kranichflügel

Die Kranichhand kann sowohl Kopf als auch Flügel des Kranichs imitieren. Beim Kranichkopf berühren sich die Fingerspitzen (Abb. 22), und das Handgelenk ist abgewinkelt. Beim Kranichflügel sind die Finger nicht ganz geschlossen. Man kann sich seine Finger als leicht gespreizte Federn vorstellen (Abb. 23).

22

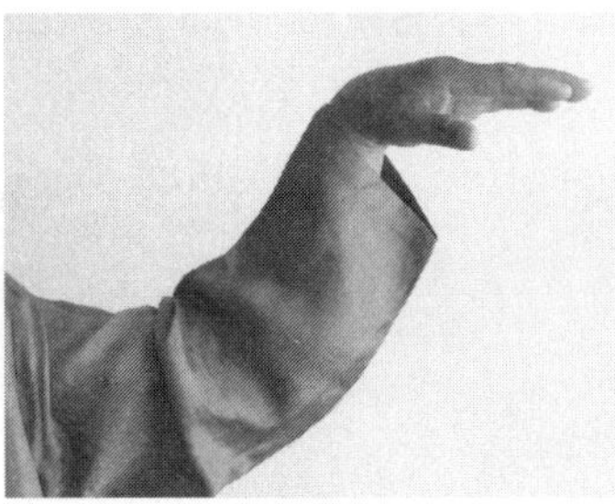

23

Die Affenhand

Die »normale« Affenhand gleicht der menschlichen Hand. Sie ist entspannt und leicht geöffnet (Abb. 24).

Die greifende Affenhand imitiert das Tragen einer Frucht. Dabei liegen die Fingerspitzen bei nur leicht angewinkelten Fingern aneinander (Abb. 25).

Dabei wird die greifende Affenhand auch im Handgelenk zu einer Art »Hakenhand« abgeknickt.

Wenn Sie sich mit der Affenhand auf dem Boden abstützen, strecken Sie den Daumen aus und rollen die übrigen Finger locker ein. Sie stützen sich mit dem Daumen und den obersten Gliedern der Finger ab (Abb. 26). Wir nennen diese Haltung kleine Affenhand.

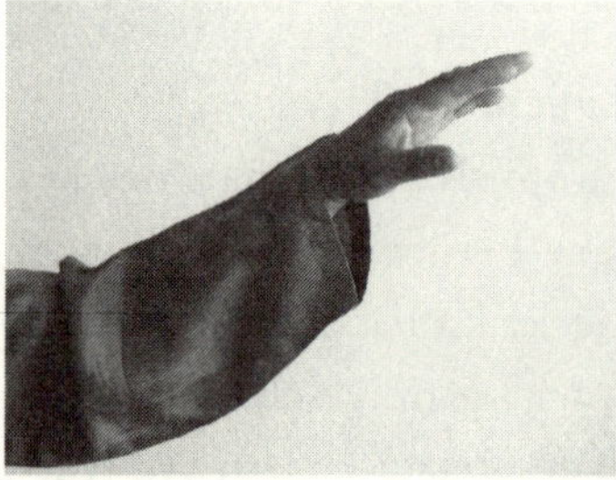

24

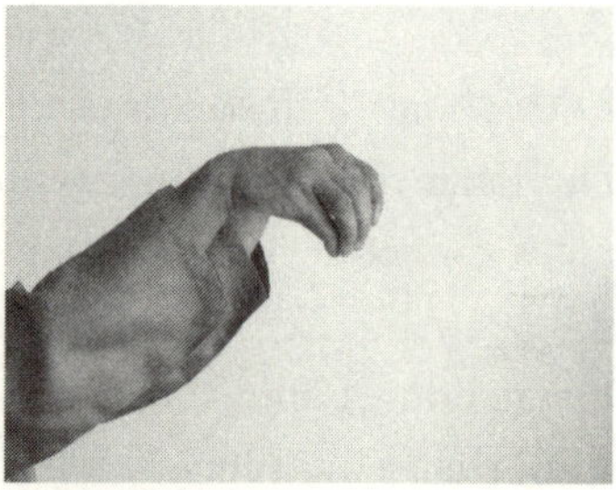

25

26

Die Schlangenhand

Die Schlangenhand bildet den Kopf einer Schlange. Die Finger sind fast gestreckt und geschlossen, aber nicht verkrampft (Abb. 27).

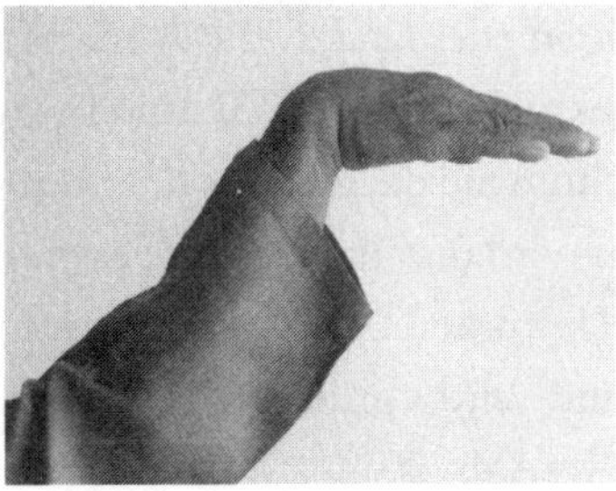

27

Die Bärenhand

Die Tatze des Bären ist nicht abgeknickt, sondern leicht nach vorn gekippt. Die Finger sind gekrümmt (Abb. 28).

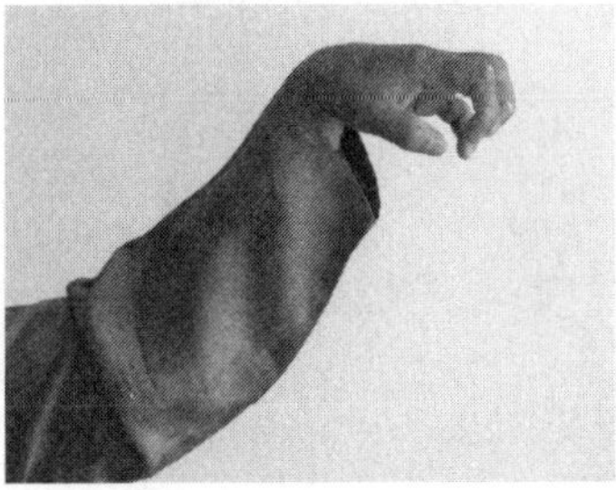

28

Das Qi halten wie einen Ball

Diese Handhaltung ist eine häufige Bewegung beim Taiji. Die Hände werden meist vor dem Körper gehalten, und zwar so, als würde man einen großen Ball vor sich hertragen (und so finden Sie es auch in den Übungsanleitungen angegeben). Die Handflächen zeigen zueinander, die Arme sind entspannt, im Ellenbogen abgeknickt, und die Schultern dürfen nicht verkrampft sein. Achten Sie darauf, dass der obere Arm auf Schulterhöhe gehalten wird und dabei der Ellenbogen nicht zu sehr seitlich absteht. Der untere Arm ist entspannt und leicht abgewinkelt. Die Hand wird vor dem Körper gehalten, etwas unterhalb des Nabels (Abb. 29).

29

Diese Handposition spielt im daoistischen Glauben spirituell, aber auch mythisch gesehen eine bedeutende Rolle. Sie begegnet uns bereits auf einer Abbildung von P'an-ku, nach daoistischem Glauben der Weltenschöpfer und erste Mensch. Er hält das Welt-Ei in Händen, das aus den Substanzen des Yin und Yang besteht.

P'an-ku

Einer Legende aus dem 3. Jahrhundert v. Chr. zufolge entstieg P'an-ku dem Chaos, das die Form eines Hühnereis hatte. Aus den Bestandteilen des Eis bildeten sich Erde und Himmel, die sich im Laufe der Jahrtausende immer weiter voneinander entfernten. Den Zwischenraum füllte P'an-ku aus, der im selben Tempo mitwuchs. Aus seinen Körperteilen entstanden nach seinem Tod die Regionen der Erde – sein Kopf wurde zu den 4 heiligen Bergen, seine Augen wurden zu Sonne und Mond, sein Fett zu den Flüssen und Meeren, seine Haare und sein Bart zu Gräsern und Bäumen. Einer anderen Überlieferung zufolge wurden seine Tränen zu den Flüssen, sein Atem zum Wind, seine Stimme zum Donner und seine Pupillen zu den Blitzen.[16]

Wenn Sie diese Handhaltung beim Üben einnehmen, vergegenwärtigen Sie sich, dass Sie die Welt bzw. das Qi, die elementare Lebenskraft, »in Händen« halten.

Zitat aus dem *Daodejing*

»Die riesige Kiefer erwächst aus einem winzigen Spross. Die Reise von tausend Meilen beginnt zu deinen Füßen.«[17]

Verbeugung

Beginnen und beenden Sie jede der 5 Formen mit einer Verbeugung. So drücken Sie Ihren Respekt vor Ihrem Lehrer bzw. der Kunst aus, die Sie praktizieren, und dem Geist, der dahinter steht. Wenn Sie möchten, können Sie sich vor einem buddhistischen Altar, einer Buddha-Figur, einer Kerze oder einem Räucherstäbchen verbeugen oder eben einfach in die 1. Richtung. Man verbeugt sich mit vor der Brust aneinander gelegten Händen in der Baumstellung (Abb. 30). Heben Sie dazu beide Hände bis über den Kopf, legen Sie die Handflächen zusammen und senken Sie sie bis vor die Brust.

Anschließend öffnen Sie die Beine mit einem Bogenschritt nach links hüftbreit in die Bärenstellung (Abb. 31).

Nach jeder Übung folgt in der Baumstellung eine abschließende Verbeugung.

30

31

Das Qi wecken

Vor vielen Taiji-Formen, aber auch im Qi Gong »weckt« man das Qi, die innere Energie. Das geht so:

Nachdem Sie sich verbeugt und, wie oben beschrieben, in die Bärenstellung gegangen sind, beugen Sie die Knie leicht und »kippen« das Becken nach vorn, damit sich der Lendenbereich strecken und die Wirbelsäule aufrichten können. Der Blick ist nach vorn gerichtet, entweder in die Ferne oder etwa 3 Meter vor Ihnen auf den Boden. Öffnen Sie die Hände vor der Brust, und ziehen Sie sie langsam auseinander; die Handflächen zeigen dabei zum Körper (Abb. 32). Drehen Sie die Handflächen nach unten, und senken Sie die Arme (Abb. 33, 34).

Heben Sie beide Arme langsam auf Schulterhöhe (Handflächen nach unten, Abb. 35), und atmen Sie dabei ein. Beim Ausatmen senken Sie die Arme wieder und richten sich ein wenig auf (Abb. 36). Bleiben Sie einen Moment so stehen, bevor Sie mit der eigentlichen Übung beginnen.

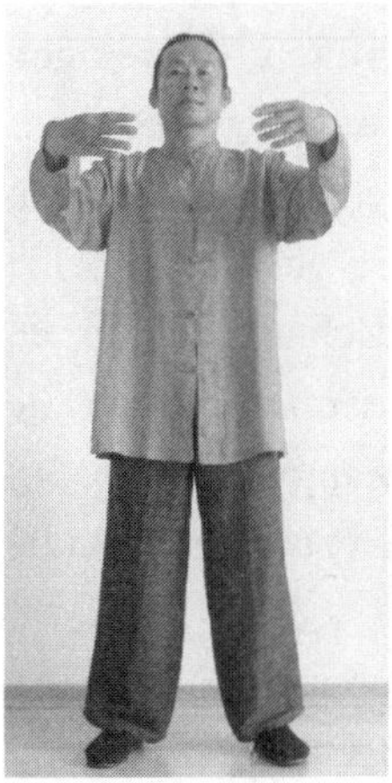

32

33

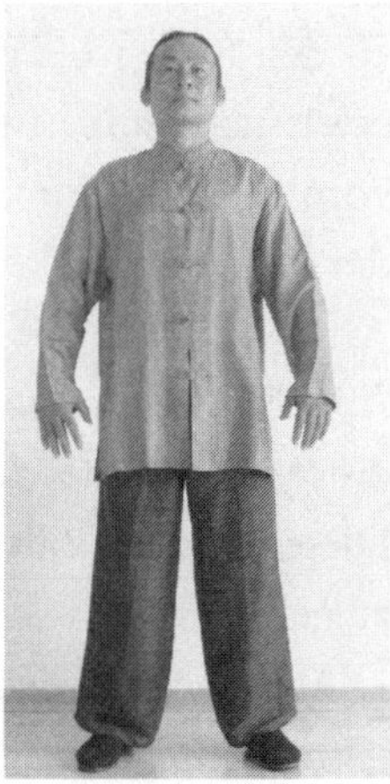

34

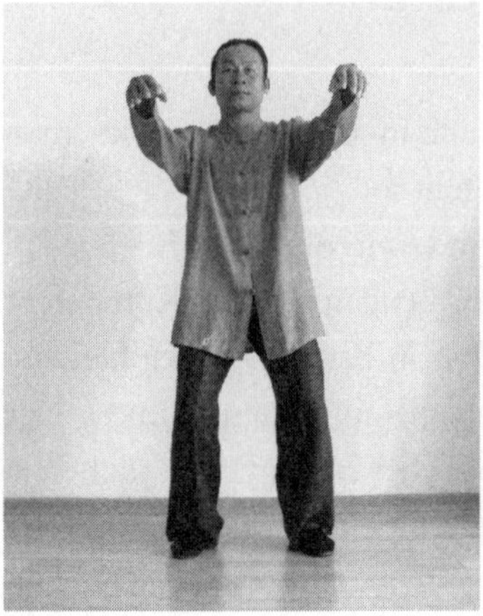

35

36

Das Qi beruhigen

Im Anschluss an die Formen »beruhigt« man das Qi, und zwar wie folgt: Wenn Sie die letzte Bewegung einer Form ausgeführt haben, bleiben Sie einen Moment lang entspannt stehen – die Knie sind leicht gebeugt, die Arme hängen locker an den Seiten herab (Handflächen nach hinten, Ellenbogen etwas nach außen gedreht), das Becken ist ein wenig nach vorn gekippt (Abb. 34). Nun folgen dieselben Bewegungen, die Sie vom Wecken des Qi bereits kennen: Sie heben beide Arme langsam auf Schulterhöhe (Handflächen nach unten, Abb. 35) und atmen dabei ein. Beim Ausatmen senken Sie die Arme wieder und richten sich ein wenig auf (Abb. 36). Diese Sequenz hilft Ihnen, nach dem Üben zu innerer Ruhe zu gelangen.

Abschließend bringen Sie den linken Fuß in einem Bogenschritt neben den rechten und verbeugen sich in der Baumstellung.

Übungen zum Einstimmen

Wenn Sie genug Zeit haben, tut es gut, sich auf die Taiji-Übungen einzustimmen. Dafür dienen die 3 Vorübungen und eine kurze Meditation im Stehen.

Die 3 Vorübungen

1. Übung: Das Qi wecken

Wecken Sie das Qi, wie eben beschrieben (Abb. 34, 35, 36). Wiederholen Sie das Heben der Arme weitere 2 Male. Legen Sie dann die Hände vor dem unteren Dantien (3 Fingerbreit unter dem Bauchnabel) ineinander (links ist unten, Abb. 37).

37

2. Übung (direkt im Anschluss): Der weiße Kranich öffnet seine Flügel

Heben Sie aus dieser Position die Arme seitlich an; die Finger sind entspannt und leicht geöffnet, die Arme nicht durchgestreckt, die Handflächen zeigen nach unten (Abb. 38). Stellen Sie sich vor, Sie wären ein Kranich und würden die Flügel elegant heben. Öffnen Sie die Arme insgesamt 3-mal. Anschließend legen Sie die Hände vor dem unteren Dantien wieder wie vorhin ineinander (links ist unten, Abb. 39).

38

39

3. Übung (direkt im Anschluss): Das Qi holen und senken

Der letzte Teil dieser Vorübung besteht darin, dass Sie die Arme seitlich heben, diesmal jedoch zeigen die Handflächen nach oben. Die Finger sind entspannt und leicht geöffnet, die Arme nicht durchgestreckt (Abb. 40, 41). Legen Sie den Kopf in den Nacken, während Sie die Arme nach oben strecken; die Hände berühren sich nicht (Abb. 42). Stellen Sie sich dabei vor, dass Sie das äußere Qi – also die Energie, die sich überall im Universum befindet – zu sich »holen«. Bewegen Sie die Hände dann vor dem Körper entlang der Mitte (Abb. 43) nach unten bis zum unteren Dantien (Abb. 44 – Sie sammeln das Qi im Dantien). Wiederholen Sie diese kreisförmige Bewegung weitere 2 Male.

40

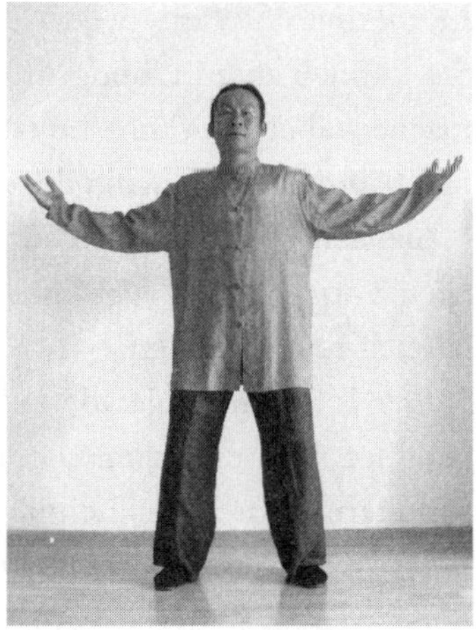
41

42

43

44

Meditatives Stehen
Sie können diese Übung im Anschluss an die Vorübungen machen, aber auch Ihre Taiji-Praxis mit dem meditativen Stehen (Abb. 45) beginnen oder sie damit beenden.

Sie stehen schulterbreit, der Kopf ist entspannt und nicht nach vorn gekippt. Versuchen Sie, Nacken- und Schulterbereich zu entspannen.

Der Rücken ist gerade aufgerichtet und die Brust leicht geöffnet. Das erreichen Sie am leichtesten, wenn Sie Ihre Schultern etwas zurücknehmen.

Der Kreuz- und Beckenbereich ist wichtig für die Entspannung, aber auch für die Sammlung des Qi. Entspannen Sie das Becken, und kippen Sie es etwas nach vorn.

Die Arme sind locker und entspannt. Sie hängen aber nicht einfach herunter, sondern haben einen kleinen Abstand zum Körper, und die Handflächen zeigen nach hinten.

Die Knie sind leicht gebeugt. Das Gewicht ist auf beide Füße gut verteilt. Fühlen Sie sich mit der Erde verbunden,

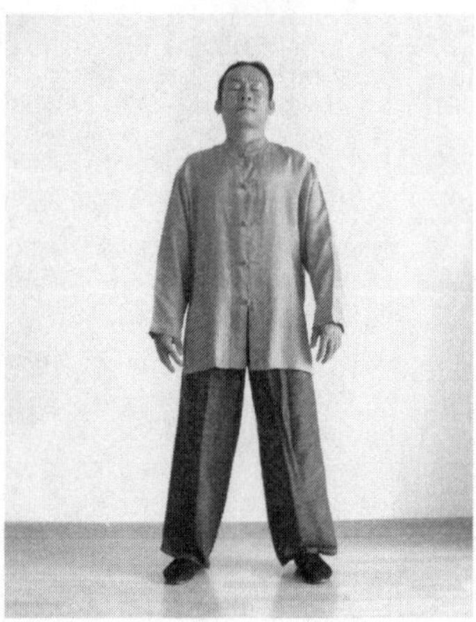

45

aber trotzdem leicht. Das erreichen Sie z. B. durch die Entspannung der Knöchel.

Wie lange Sie im meditativen Stehen verharren, hängt von Ihnen ab. Sind Sie in der Taiji-Praxis bereits fortgeschritten, können Sie ohne Weiteres bis zu 10 Minuten oder sogar länger stehen. Am Anfang jedoch sollten 2 bis 3 Minuten genügen.

Stellen Sie fest, dass Sie sich verkrampft haben, dann beenden Sie das Stehen, indem Sie das Qi beruhigen, und schütteln Sie sich danach gut aus. Sie können den Oberkörper auch nach vorn beugen und dann locker nach links und rechts schwingen, um Schultern und Rücken zu entspannen.

II
Die Formen

Jeden Morgen stand mein Meister vor mir auf. Ich schlief noch, alles war noch bedeckt vom Tau, und nur langsam wurde es hell. Jeden Morgen hörte ich, wie er mit seinem Besen den Vorplatz kehrte, um den Lehmboden von Blättern und Ameisen zu befreien. Er sprach sehr oft von dieser spirituellen Praxis. »Sitzen und Meditieren«, sagte er, »ist gut, aber auch körperlich musst du etwas tun.«

So vorbereitet, begann er seine Übungen.

Nachdem ich aufgestanden war, beobachtete ich ihn oft von der Veranda aus. Ich wollte so gerne seine geheimen Übungen sehen. Was machte er jeden Tag so früh? Langsam bewegte er sich vorwärts. Seine Arme kreisten, und mal drehte er sich in diese, mal in die andere Richtung. Er hatte seine Augen geschlossen. Voller Ehrfurcht und in der Hoffnung, dass er mich nicht bemerkt hatte, wandte ich mich ab.

Einmal bekam ich eine Erkältung, was bei mir in der Regenzeit nicht selten vorkam. Nachdenklich sah mich mein Meister an. »Vielleicht wird es Zeit für Taiji«, meinte er. »Du hast zwar noch viele Flausen im Kopf, aber du kränkelst mir zu oft.«

»Taiji? Was ist das denn?«, fragte ich.

»Du siehst mir doch immer am Morgen beim Üben zu, oder?« Er blickte mich streng an, und ich senkte beschämt den Kopf.

»Ja«, gab ich zu. »Es sieht sehr schön aus. Warum tust du das?«

»Wenn man krank wird, ist das Gleichgewicht im Körper gestört. Aber wie kommt es zu dieser Störung? Weil man sich nicht um die Gesundheit kümmert. Man sollte *vor* der Krankheit etwas tun, dann kann sie nicht ausbrechen oder wird nicht so schlimm. Du musst dich schützen, und die Übungen des Taiji sind wie geschaffen dafür, denn sie sind gut für die Harmonie von Körper und Geist.«

4 Die Bärenform

Der Bär gilt als schwerfällig, langsam, gemütlich, aber er kann blitzschnell zuschlagen und ist ein sehr schneller Läufer. Nichts kann dieses mächtige Tier, das ein ausgewiesener Einzelgänger ist, aus der Ruhe bringen. Es ist sich seiner Kraft bewusst. Nach dem langen Winterschlaf streckt und dehnt sich der Bär. Er kennt seinen Rhythmus und den der Natur, richtet sich danach und bereitet sich entsprechend vor.

Die Bärenform fördert Stabilität, Ausgeglichenheit, Selbstbewusstsein und Muskelkraft und ist eine gute Übung für die Beweglichkeit und die Lösung innerer Blockaden. Sie konzentrieren sich auf das, was kommt. Weil Sie sich bei dieser Form oft strecken und dehnen (eine gute Vorbereitung), steht sie oft am Anfang der Praxis.

Führen Sie die Dehnungen der Bärenform präzise und langsam aus. Verlassen Sie die einzelnen Stellungen nicht zu schnell. Machen Sie jede Bewegung bewusst, aber gehen Sie nicht über die Schmerzgrenze hinaus.

Übung 1: Das Qi des Bären wecken

Verbeugen Sie sich. Dann gehen Sie mit einem Bogenschritt nach links in die Bärenstellung (S. 42), öffnen die Arme vor der Brust (Handflächen nach innen) und senken sie; dabei zeigen die Handflächen nach unten (S. Abb. 46, 47, 48, 49, 50).

Wecken Sie nun das Qi (S. 57), stellen Sie sich aber beim Aufrichten auf die vorderen Fußballen. Die Hände werden dabei leicht zur Bärentatze gekrümmt (Abb. 51, 52).

46

47

48

49

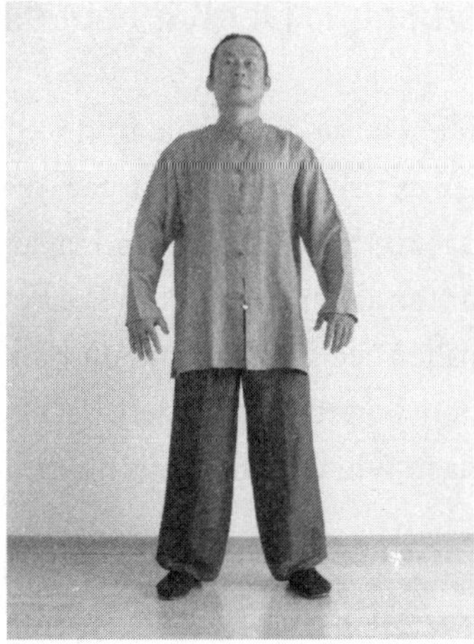
50

51

52

Übung 2: Der Bär hebt die Tatzen und lässt locker

Heben Sie die Arme, und stellen Sie sich auf die Zehenspitzen (Abb. 53, 54). Wenn Sie die maximale Spannung erreicht haben, lösen Sie sie und lassen die Arme auf den Seiten nach unten fallen. Geben Sie dabei in den Knien etwas nach, und rollen Sie auf den ganzen Fuß zurück. Lassen Sie die Arme an den Seiten auspendeln (Abb. 55). Die Hände bilden dabei nach wie vor eine Bärentatze.

53

54

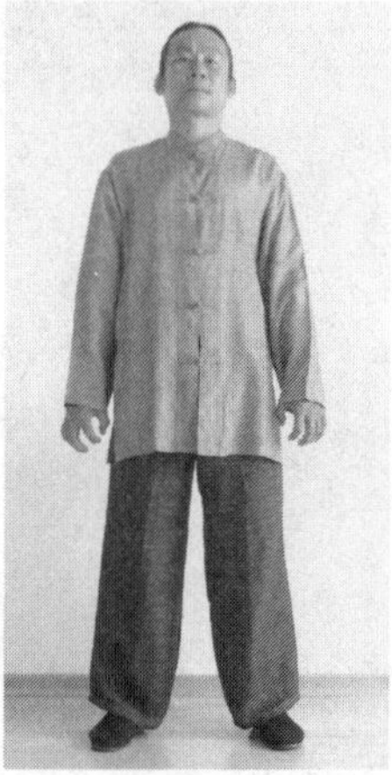

55

Übung 3: Der Bär streckt sich

Beugen Sie sich nun nach vorn, und legen Sie die Hände auf den Boden (wenn es Ihnen möglich ist). Zuerst setzen Sie die linke Hand auf, dann die rechte. Lassen Sie sich etwas Zeit, um die Beinsehnen zu dehnen und das Kreuz zu strecken. (Wenn Sie nicht ganz nach unten kommen, knicken Sie in den Knien ein, damit die Hände den Boden erreichen.)

Schieben Sie jetzt die Finger unter die Fußspitzen, die der linken Hand zuerst, dann die der rechten (Abb. 56). Ziehen Sie mit den Händen kurz an den Füßen, und versuchen Sie, die Wirbelsäule gerade zu ziehen. Dann lassen Sie locker und legen wieder zuerst die linke und dann die rechte Hand auf den Boden (Abb. 57).

Nach einem Moment gehen Sie mit der linken Hand zuerst nach vorn (Abb. 58), ziehen die rechte nach, machen noch einen »Schritt« mit links und dann mit rechts, bis Sie in die so genannte Hundestellung kommen (Abb. 59 bis 62), die Ihnen vielleicht aus dem Yoga bekannt ist. Beine und Hände sind gestreckt, dehnen Sie sich, so weit Sie können. Drücken Sie dabei die Fersen zu Boden (Abb. 62).

Hinweis: Ist Ihnen die Dehnung zu anstrengend, dann setzen Sie zusätzlich zu den Händen auch die Knie auf dem Boden ab und versuchen, sich beim nächsten Mal etwas zu steigern. Sollte es zu stark »ziehen«, können Sie auch auf den vorderen Fußballen bleiben (setzen die Fersen also nicht ab). Gerade für Anfänger ist es wichtig, die Sehnen, Gelenke und Muskeln nicht zu stark zu strapazieren. Sie werden sehen, dass Sie bei regelmäßiger Übung immer besser gedehnt sein werden.

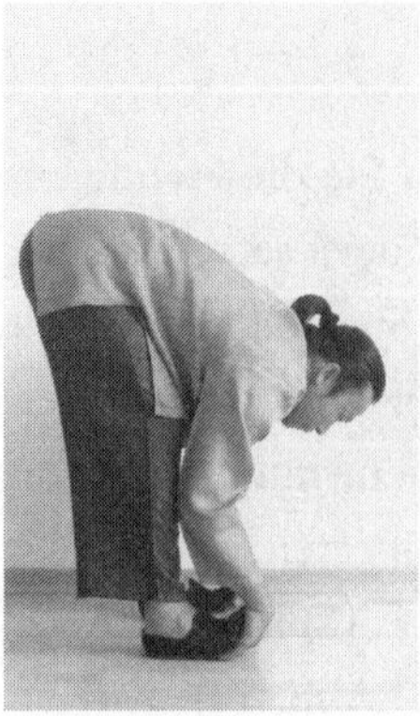
56

57

58

59

60

61

62

Verlagern Sie jetzt das Gewicht nach vorn, und drücken Sie die Hüfte zum Boden. Blicken Sie dabei nach oben, und öffnen Sie den Mund leicht, um den Kehlkopf zu entlasten (Abb. 63). *Hinweis: Menschen mit Hüft- oder Rückenproblemen setzen die Knie gleich ab und drücken den Rücken nur leicht durch.*

Bringen Sie das Gewicht auf die Knie, und hocken Sie sich flach auf die Fersen. Spreizen Sie dabei die Beine, damit der Oberkörper weiter zu Boden gedrückt werden kann. Die Arme bleiben vorn. Ziehen Sie den Oberkörper lang, und drücken Sie die Schultern Richtung Boden (Abb. 64).

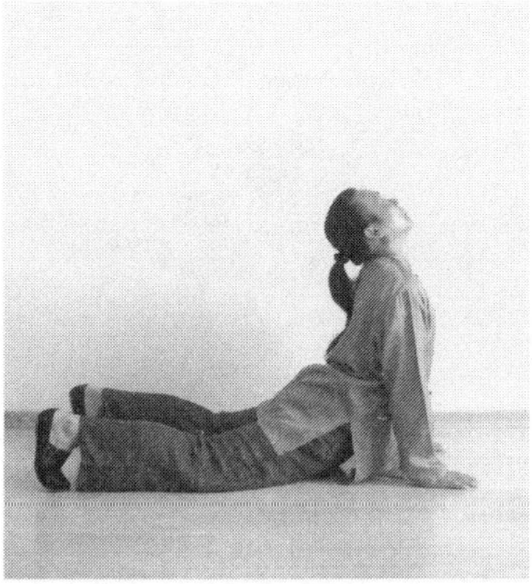

63

64

Übung 4: Der Bär wendet den Kopf

Der Kopf ist in der Mitte. Drehen Sie ihn nun langsam nach links und nach rechts (Abb. 65, 66). Spüren Sie die Spannung an den Seiten des Halses? Jede Bewegung wird langsam und bewusst ausgeführt. Zum Schluss drehen Sie den Kopf wieder in die Mitte.

65

66

Übung 5: Der Bär macht einen Buckel

Verlagern Sie das Gewicht wieder nach vorn. So kommen Sie in den Kniestand. Das Gewicht ist gleichmäßig auf Hände und Knie verteilt (Abb. 67). Machen Sie jetzt einen »Katzenbuckel«, indem Sie den Rücken nach oben wölben (Abb. 68, 69). Wiederholen Sie diese Übung weitere 2 Male.

67

68

69

Übung 6: Der Bär streckt das Bein

Nach dem 3. Katzenbuckel strecken Sie das linke und dann das rechte Bein nach hinten, als wollten Sie Liegestützen machen (Abb. 70). Spannen Sie den Körper an, und versuchen Sie, gerade zu bleiben. Setzen Sie nun zuerst den linken Fuß neben Ihre linke Hand. Der Fuß wird außen abgesetzt, also links von Ihrer Hand. Die Schulter ist wie die Hand innen (Abb. 71). Strecken Sie das Kreuz.

Hinweis: Wenn Sie das Bein nicht in einem Schritt vorn absetzen wollen oder können, gehen Sie zuerst wieder in den Kniestand und setzen dann das linke Bein vorn ab. Wer nicht sehr gelenkig ist, setzt den Fuß nicht so weit nach vorn, versucht aber trotzdem, die Körperspannung zu halten.

70

71

Bringen Sie den Fuß wieder nach hinten. Bleiben Sie kurz in der gestreckten Haltung (Liegestütz-Position), dann wechseln Sie die Seite – jetzt kommt der rechte Fuß neben die rechte Hand. Strecken Sie den Rücken, und setzen Sie den Fuß dann wieder hinten ab (Abb. 72).

72

Übung 7: Der Bär streckt den Rücken

Strecken Sie im Anschluss daran den Po in die Höhe. Versuchen Sie dabei, die Fersen auf den Boden zu drücken (Abb. 73). Der Kopf befindet sich zwischen den Armen und bildet mit dem Rücken eine Linie. Achten Sie darauf, dass Ihre Schultern nicht durchhängen. Ziehen Sie nun zuerst die linke, dann die rechte Hand schrittweise zurück, und bewegen Sie sich auf diese Weise wieder in die Hundestellung (Abb. 74, 75, 76). Die Fersen bleiben, wenn möglich, auf dem Boden.

Schieben Sie die Finger wieder unter die Fußspitze (links zuerst), und ziehen Sie leicht daran (Abb. 77). Drücken Sie den Rücken durch, und lassen Sie dann locker, indem Sie zuerst die linke und dann die rechte Hand auf den Boden legen und noch einmal ganz locker dehnen (Abb. 78).

Kommen Sie langsam nach oben, und entspannen Sie sich. Lassen Sie den Kopf locker.

73

74

75

76

77

78

Übung 8: Das Qi des Bären beruhigen

Beenden Sie die Übung, indem Sie das Qi des Bären beruhigen (S. 58). Heben Sie die Arme langsam, stellen Sie sich auf die vorderen Fußballen (Abb. 79, 80), und formen Sie mit den Händen Bärentatzen, aber spannen Sie sie nicht zu stark an. Abschließend verbeugen Sie sich.

79

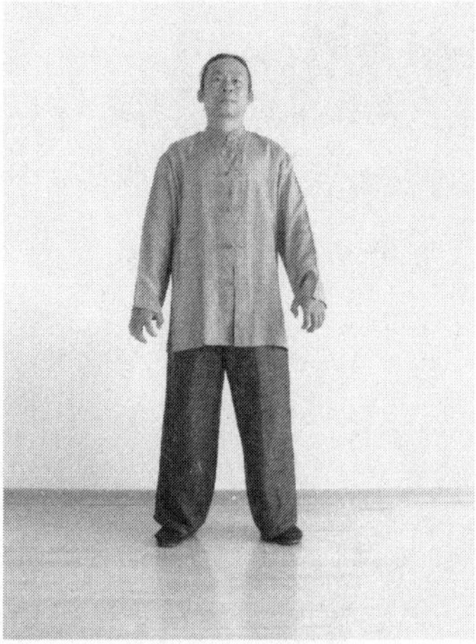
80

5 Die Kranichform

Der Kranich ist aus chinesischer Sicht der König der Lüfte. Er wirkt grazil, leicht und empfindlich, und sein Flug ist majestätisch, schwerelos und völlig ausgeglichen. Beobachtet man einen Kranich, der am Ufer steht, erkennt man, wie sicher sein Stand ist, und wie königlich seine Bewegungen sind. Charakteristisch sind das Öffnen und Schließen der Flügel, das Stehen auf einem Bein und die ausladenden Bewegungen. Und über welche Geduld der Kranich verfügt! Er kennt keine Unsicherheit beim Jagen. Zielgerichtet greift er an und fängt seine Beute mit großer Geschicklichkeit.

Die Würde und Leichtigkeit des Kranichs sind wesentliche Merkmale dieser Form. Sie fördert den Gleichgewichtssinn, die Eleganz der Bewegungen, die Ausgeglichenheit und belebt.

Achten Sie bei der Kranichform auf Ihr Gleichgewicht. Die Bewegungen sehen einfach aus, sollten aber mit Geduld und Präzision ausgeführt werden. Die Form darf ihre Leichtigkeit nicht verlieren.

Die Geschichte vom Kranich und der Schlange

Die oben erwähnte Geschichte vom Kampf zwischen Kranich und Schlange ist in vielen Versionen überliefert. Hier ist eine weitere – sie gehört zur Legende um Bodhidharma (oder Tamo):

Schon lange trainierte Tamo mit den Mönchen die harte Kunst des Shaolin. Eines Tages ging er zu seinem Lieblingsplatz am Wasserfall und meditierte. Da sah er einen Kampf zwischen Kranich und Schlange. Still blieb er sitzen und beobachtete die beiden. Der Kranich versuchte, die Schlange mit seinen Krallen festzuhalten, und hackte immer wieder mit dem Schnabel nach ihr. Sie aber schlängelte und wand sich um seine Beine und versuchte, ihn zu beißen. Der Kranich schlug mit den Flügeln, um die Schlange durch Sprünge abzuschütteln. Beide mussten vorsichtig sein, denn der Hieb des Schnabels oder der Biss konnten tödlich sein. Die Schlange wich zurück, und der Kranich griff mit einem Sprung an. Aber es dauerte nicht lange, und er musste vor dem Angriff der Schlange zurückweichen. Der Kampf schien ewig zu dauern. Irgendwann waren beide so erschöpft, dass sie den Kampf aufgaben und sich zurückzogen. Da erkannte Tamo, dass das Harte das Weiche nicht besiegen kann, aber das Weiche auch nicht das Harte.

Übung 1: Das Qi des Kranichs wecken

Verbeugen Sie sich. Dann gehen Sie mit einem Bogenschritt nach links in die Bärenstellung (S. 42), öffnen die Arme vor der Brust (Handflächen nach innen) und senken sie; dabei zeigen die Handflächen nach unten (Abb. 81, 82, 83, 84).

Heben Sie jetzt die Hände (wie gewohnt gehen Sie dabei leicht in die Knie), und schütteln Sie sich dabei für einen Moment (Abb. 85). Die Schüttelbewegungen gehen von der Hüfte aus und werden nach oben weitergeleitet. Dann senken Sie die Arme langsam und richten sich wieder auf (Abb. 86).

81

82

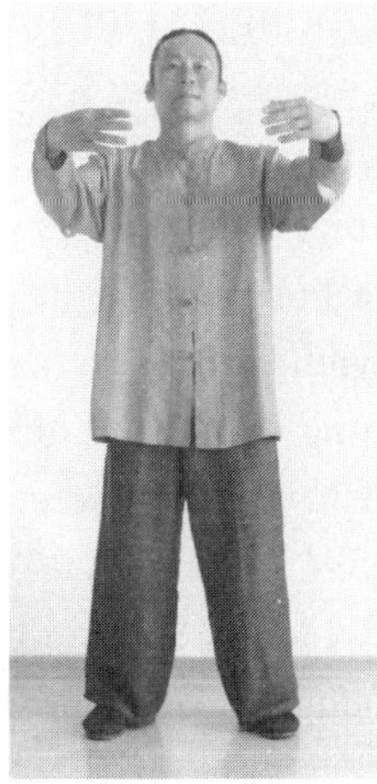
83

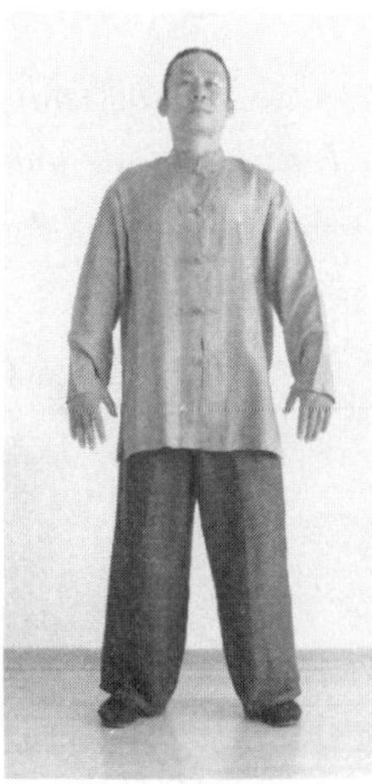
84

85

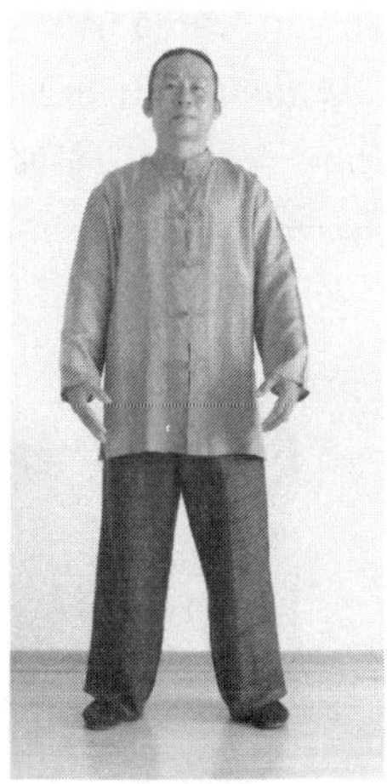
86

Übung 2: Der Kranich steht auf einem Bein

Verlagern Sie das Gewicht kurz nach links – die Handflächen zeigen zueinander –, und drehen Sie währenddessen die rechte Fußspitze in die linke vordere Ecke. Verlagern Sie das Gewicht auf das rechte Bein, und drehen Sie sich in die 3. Richtung (also nach links). Sie stehen jetzt in der Katzenstellung, d. h. Sie berühren den Boden links nur mit der Fußspitze, (S. 43, Abb. 87).

Heben Sie nun das angewinkelte linke Bein bei leicht gebeugtem rechtem Bein, bis der Oberschenkel waagerecht ist. Dabei breiten Sie die Arme auf Schulterhöhe aus. Die Schultern sind entspannt, die Arme leicht gebeugt, die Handflächen zeigen schräg nach vorn (Abb. 88).

Hinweis: Wenn Sie noch nicht sicher stehen und das Gleichgewicht leicht verlieren, bleiben Sie etwas länger in der Katzenstellung und heben den Fuß vorsichtig und nicht so hoch. Achten Sie auf die

87

88

89

90

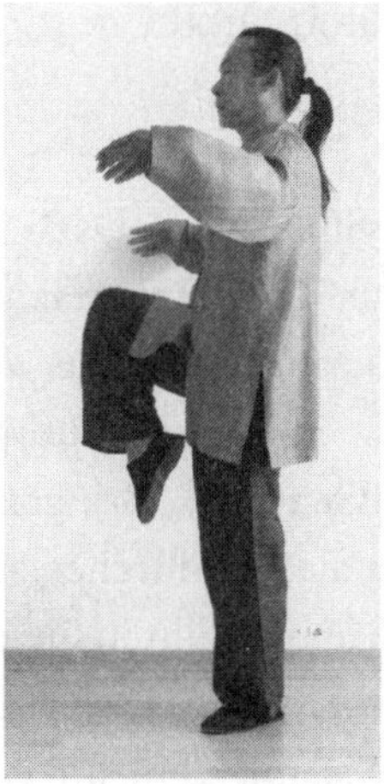
91

92

korrekte Gewichtsverlagerung. Dabei hilft es, einen Punkt auf dem Boden schräg vor sich zu fixieren (2 bis 3 Meter). Das fördert die Konzentration und die Sammlung der Gedanken.

Setzen Sie den linken Fuß vorn ab (Drachenstellung), und senken Sie die Arme; die Handflächen zeigen immer noch zueinander (Abb. 89). Nun verlagern Sie das Gewicht nach hinten, heben die linke Fußspitze und drehen den linken Fuß in die rechte vordere Ecke. Verlagern Sie das Gewicht nach links, und drehen Sie sich in die 2. Richtung (also nach rechts, von der Anfangsposition aus gesehen – Abb. 90).

Heben Sie das angewinkelte rechte Bein bei leicht gebeugtem linkem, bis der Oberschenkel waagerecht ist. Dabei breiten Sie die Arme auf Schulterhöhe aus. Die Schultern sind entspannt, die Arme leicht gebeugt, die Handflächen zeigen schräg nach vorn (Abb. 91).

Setzen Sie das rechte Bein vorn ab (Drachenstellung), und senken Sie die Arme; die Handflächen zeigen zueinander (Abb. 92).

Übung 3: Der Kranich tanzt

Teil 1

Zuerst streifen Sie das linke Knie. Dazu führen Sie die Hände vor der Hüfte zusammen; die linke Hand befindet sich unter dem rechten Handrücken (Abb. 93). Verlagern Sie das Gewicht nach vorn auf den rechten Fuß, und drehen Sie den Kopf nach vorn (1. Richtung). Bringen Sie die linke Hand über die rechte, damit die Handflächen zueinander zeigen.

Mit dem rechten Arm vollführen Sie einen Halbkreis nach hinten, dann schieben Sie die rechte Hand auf Schulterhöhe vor. Dabei machen Sie mit dem linken Fuß einen Bogenschritt nach vorn (1. Richtung; Abb. 94). Währenddessen streift die linke Hand das linke Knie und wird dann seitlich zur Hüfte geführt. *Hinweis: Achten Sie darauf, dass Sie schulterbreit stehen und die Hände nicht zu weit nach vorn strecken. Als Richtlinie gilt, dass die Hände nicht über die vordere Fußspitze hinausragen sollten.*

93

94

95

96

97

Dann beginnt der Kranich zu tanzen, indem er sich nach links und rechts dreht. Dazu verlagern Sie das Gewicht nach hinten. Heben Sie dabei auch den linken Arm, und breiten Sie die Arme aus. Drehen Sie die linke Fußspitze nach links, machen Sie eine Rumpfdrehung in die Ecke, und setzen Sie den Fuß in der Scherenstellung (S. 49) ab. Dabei verlagern Sie das Gewicht darauf (Abb. 95).

Während Sie in der Scherenstellung stehen (Gewicht bleibt links), machen Sie mit dem rechten Bein einen Bogenschritt nach vorn. Gleichzeitig drehen Sie den Oberkörper langsam nach rechts in die 2. Richtung. Die Arme bleiben geöffnet und werden bei der Rumpfdrehung einfach mitgeführt. Das Gewicht verlagert sich auf das rechte Bein, und Sie stehen wieder in der Scherenstellung (Abb. 96, 97).

Formen Sie mit den Händen einen großen Ball (Abb. 98), und blicken Sie in die 1. Richtung. Der rechte Arm bewegt sich in einem Halbkreis erst nach hinten, dann nach vorn, der linke Arm wird gesenkt (Abb. 99), der linke Fuß macht einen Bogenschritt nach vorn. Während Sie sich jetzt mit dem Körper in die 1. Richtung drehen, streifen Sie noch einmal mit der linken Hand das linke Knie und schieben die rechte Hand auf Schulterhöhe nach vorn (Abb. 100).

98

99

100

Teil 2

Wiederholen Sie die gesamte Sequenz auf der anderen Seite (also Knie streifen und dann 2-mal zur Seite drehen). Verlagern Sie dazu das Gewicht nach rechts hinten, drehen Sie die linke Fußspitze in die linke vordere Ecke (Abb. 101), bringen Sie das Gewicht auf den linken Fuß, und gehen Sie in die Adlerstellung (S. 45; Abb. 102). Am Beginn dieser Wiederholung auf der anderen Seite wird die rechte Handfläche unter die linke geschoben, beide Handflächen zeigen nach oben. Jetzt, in der Adlerstellung, drehen Sie die Handflächen zueinander. Die linke Hand ist oben, die rechte unten. Während Sie mit dem rechten Fuß einen Bogenschritt nach vorn machen, drehen Sie die rechte Hand (Fläche nach unten) nach oben, mit dem linken Arm vollführen Sie einen Halbkreis, dann schieben Sie die linke Hand auf Schulterhöhe nach vorn. Mit rechts streifen Sie das rechte Knie (Abb. 103). Die linke Hand zeigt dann auf Schulterhöhe nach vorn, das Gewicht ist auf dem rechten Bein (Abb. 104).

Verlagern Sie das Gewicht nach hinten, heben Sie dabei auch den linken Arm, und breiten Sie die Arme aus. Drehen Sie die rechte Fußspitze nach rechts, und setzen Sie den Fuß in der Scherenstellung ab. Dabei verlagern Sie das Gewicht darauf (Abb. 105, 106).

Während Sie in der Scherenstellung stehen (Gewicht bleibt rechts), machen Sie mit dem linken Bein einen Bogenschritt nach vorn. Gleichzeitig drehen Sie den Oberkörper langsam nach rechts. Die Arme bleiben geöffnet und werden nur mitgeführt. Das Gewicht verlagert sich auf das linke Bein (Abb. 107).

Formen Sie mit den Händen einen großen Ball (Abb. 108), und blicken Sie in die 1. Richtung. Jetzt streifen Sie noch

101

102

103

104

105

106

107

108

109

einmal das Knie: Der linke Arm bewegt sich in einem Halbkreis erst nach hinten, dann nach vorn, der rechte Arm wird gesenkt (s. Abb. 108), der rechte Fuß macht einen Bogenschritt nach vorn. Während Sie sich jetzt mit dem Körper in die 1. Richtung drehen, streifen Sie mit der rechten Hand das rechte Knie und schieben die linke Hand auf Schulterhöhe vor (Abb. 109).

Übung 4: Der Kranich steht auf einem Bein

Verlagern Sie das Gewicht nach hinten, heben Sie die rechte Fußspitze, und setzen Sie sie in die linke vordere Ecke. Dabei heben Sie auch den rechten Arm. Während Sie das Gewicht nach rechts verlagern, drehen Sie sich in die 3. Richtung (nach links; Abb. 110). Senken Sie die Arme, und gehen Sie in die Katzenstellung, d. h., Sie berühren den Boden links nur mit der Fußspitze (Abb. 111).

Heben Sie nun das angewinkelte linke Bein bei leicht gebeugtem rechtem, bis der Oberschenkel waagerecht ist. Dabei breiten Sie die Arme auf Schulterhöhe aus. Die Schultern sind entspannt, die Arme leicht gebeugt, die Handflächen zeigen schräg nach vorn (Abb. 112).

Setzen Sie den linken Fuß schulterbreit nach vorn ab, und senken Sie die Arme; die Handflächen zeigen zueinander (Abb. 113).

110

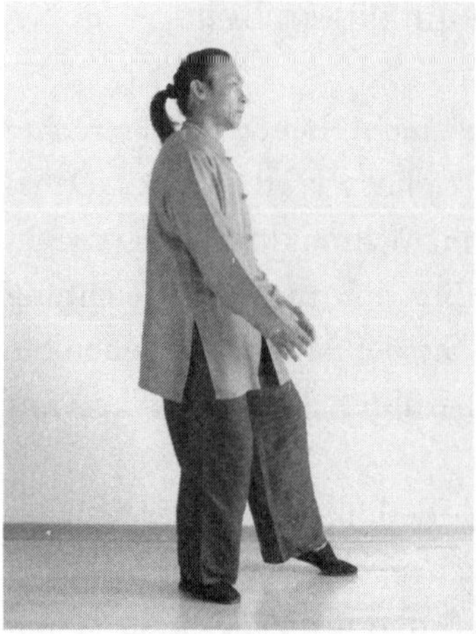
111

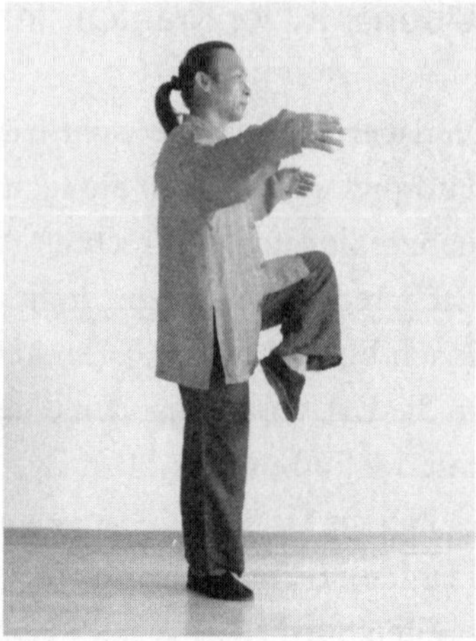
112

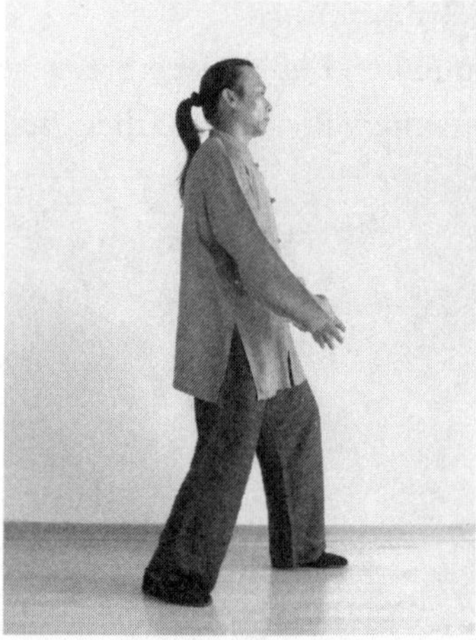
113

Übung 5: Der Kranich feiert Hochzeit

Verlagern Sie das Gewicht nach hinten, und drehen Sie die linke Fußspitze in die linke Ecke (Abb. 114). Verlagern Sie das Gewicht nach vorn (Abb. 115), dann springen Sie vor, indem Sie mit dem linken Bein abspringen und auf demselben Bein landen (Abb. 116, 117). Setzen Sie den rechten Fuß schulterbreit vorn ab, und bewegen Sie die Hände ruckartig vor dem Körper zusammen, als wollten Sie klatschen, aber die Handflächen berühren sich nicht (Abb. 118).

Hinweis: Bei dem Sprung konzentrieren Sie sich darauf, dass Sie auf demselben Bein landen. Es ist nicht wichtig, wie weit oder wie hoch Sie springen. Hauptsache, Sie verlieren das Gleichgewicht nicht und springen wie der Kranich grazil und elegant.

Nun vollführen Sie den Sprung auf der anderen Seite: Verlagern Sie das Gewicht nach hinten, und drehen Sie die rechte Fußspitze in die rechte Ecke (Abb. 119, 120). Verlagern Sie das Gewicht kurz nach vorn (Abb. 121), dann springen Sie

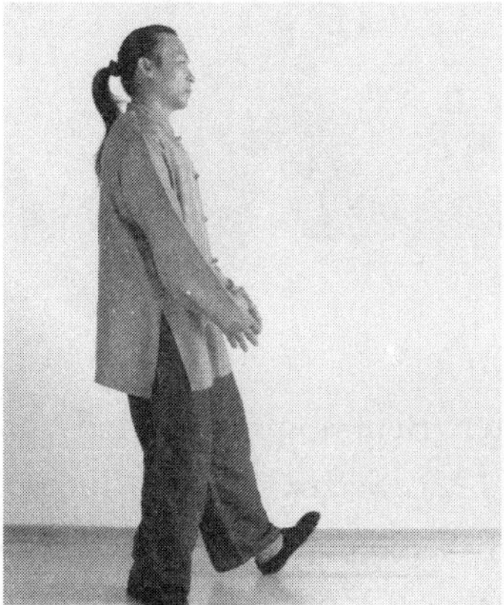

114

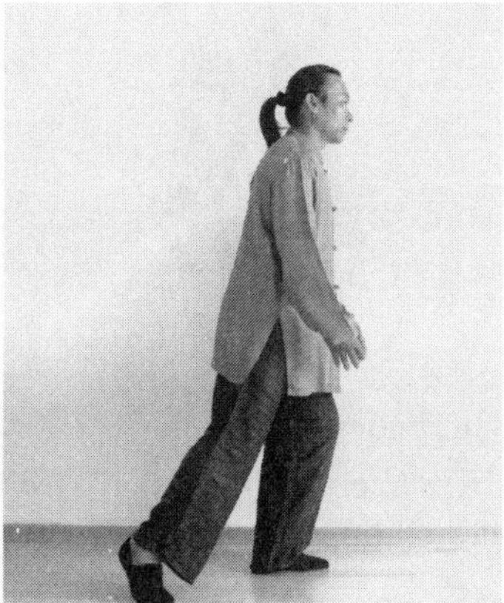

115

116

117

118

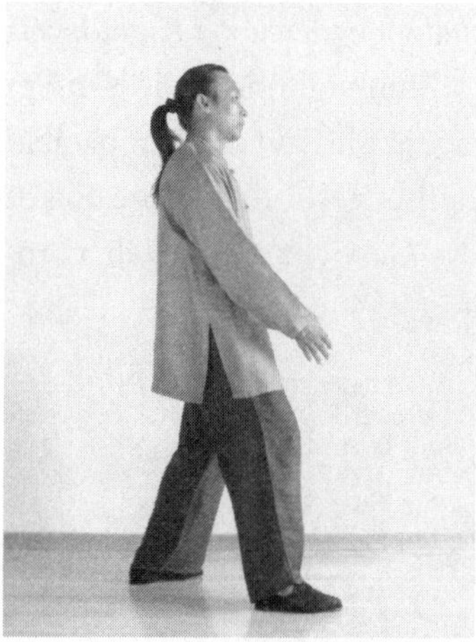

119

vor, indem Sie mit dem rechten Bein abspringen und auf demselben Bein landen (Abb. 122). Setzen Sie den linken Fuß schulterbreit vorn ab, und bewegen Sie die Hände ruckartig vor dem Körper zusammen, als wollten Sie klatschen, aber die Handflächen berühren sich nicht (Abb. 123).

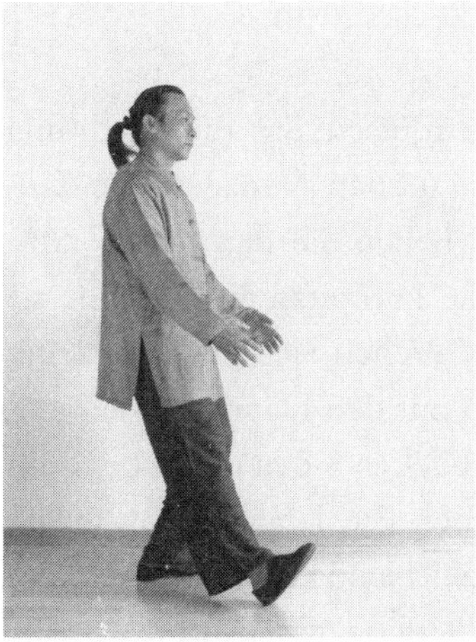
120

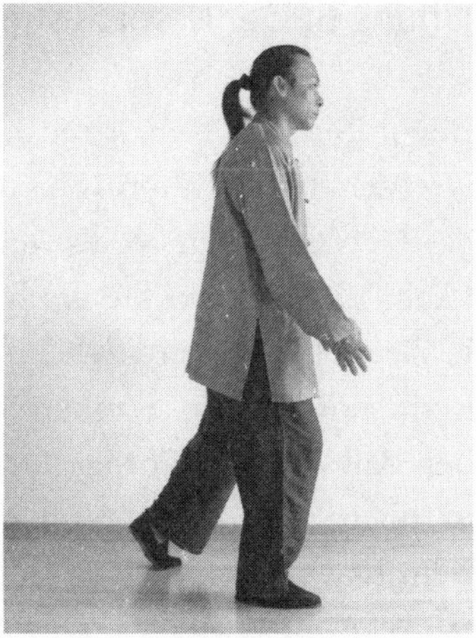
121

122

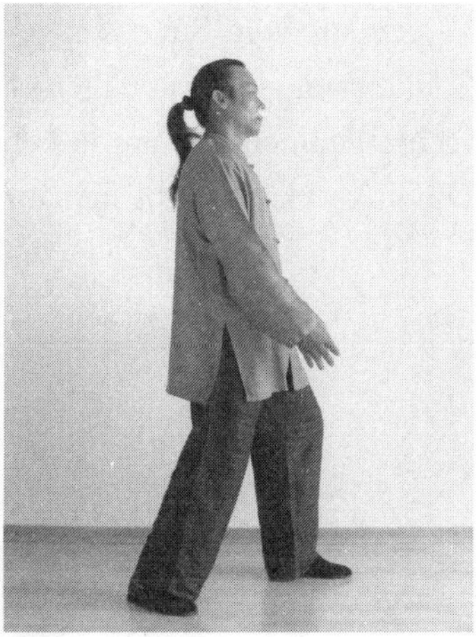
123

Übung 6: Der Kranich streckt das Bein

Bevor Sie das Bein strecken, müssen Sie die Richtung wechseln und sich um 180 Grad drehen. Verlagern Sie dazu das Gewicht nach rechts, und heben Sie den linken Arm (Abb. 124). Heben Sie die linke Fußspitze, bringen Sie sie in die rechte vordere Ecke, und drehen Sie sich gleichzeitig in diese Richtung. Formen Sie mit den Händen einen großen Ball vor dem Körper, und blicken Sie in die Ecke (links ist oben; Abb. 125). Nun heben Sie langsam das rechte Bein und bilden mit der rechten Hand einen Kranichkopf (S. 51; Abb. 126). Der rechte Ellenbogen berührt das rechte Knie.

Jetzt strecken Sie das angewinkelte Bein nach vorn in die 2. Richtung, bis es annähernd waagerecht ist. Dabei streift der rechte Kranichkopf am linken Ellenbogen entlang nach vorn. Die linke Hand dreht sich zur Seite und zeigt in die 1. Rich-

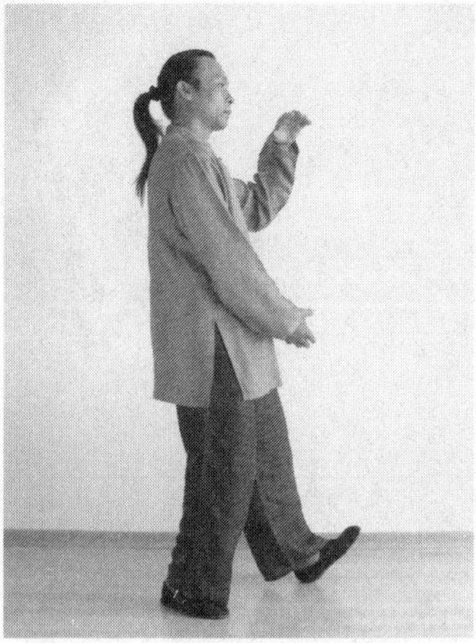

124

tung, die rechte wird nach vorn Richtung Fußspitze geschoben (Abb. 127). *Hinweis: Falls Sie das Bein nicht so hoch heben können, lassen Sie einfach einen größeren Abstand zwischen Bein und Arm.*

125

126

127

Übung 7: Das Knie streifen

Auf dem linken Bein stehend, formen Sie mit den Händen einen großen Ball (links ist unten). Dabei ziehen Sie das gestreckte Bein zurück und strecken die Fußspitze ein wenig (Abb. 128). Jetzt streifen Sie das Knie, und zwar wie folgt: Setzen Sie das rechte Bein schulterbreit vorn ab, bewegen Sie den linken Arm im Halbkreis nach hinten, und streifen Sie mit der rechten Hand über das Knie. Dann führen Sie die linke Hand auf Schulterhöhe nach vorn (Abb. 129).

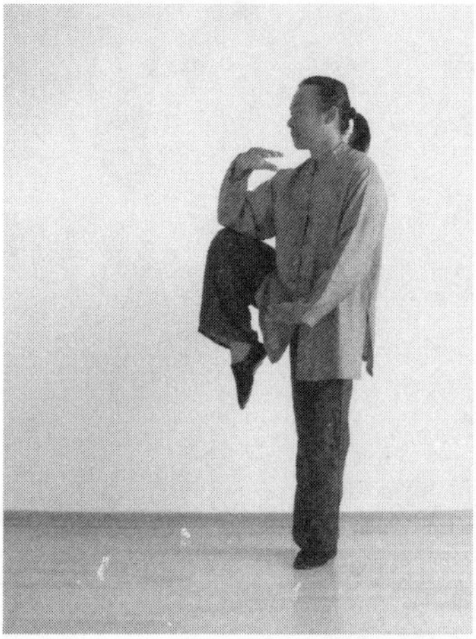
128

129

Übung 8: Das Qi des Kranichs beruhigen

Und so beenden Sie die Kranichform: Verlagern Sie das Gewicht kurz nach links hinten, drehen Sie dabei die rechte Ferse in die vordere Ecke, und heben Sie dabei den rechten Arm (Abb. 130). Verlagern Sie das Gewicht auf den rechten Fuß, ziehen Sie den linken in einem Bogenschritt zurück, und setzen Sie ihn nach links, so dass Sie in der Bärenstellung stehen und in die 1. Richtung sehen (Abb. 131, 132). Senken Sie die Arme seitlich zur Hüfte, heben Sie sie wieder, aber diesmal vor dem Körper, um sie vor der Brust zu kreuzen (Abb. 133). Dann senken Sie die Arme zur Hüfte und beruhigen das Qi, indem Sie die Hände einmal vor dem Körper heben und senken (Abb. 134, 135). Abschließend ziehen Sie den linken Fuß an den rechten und verbeugen sich.

130

131

132

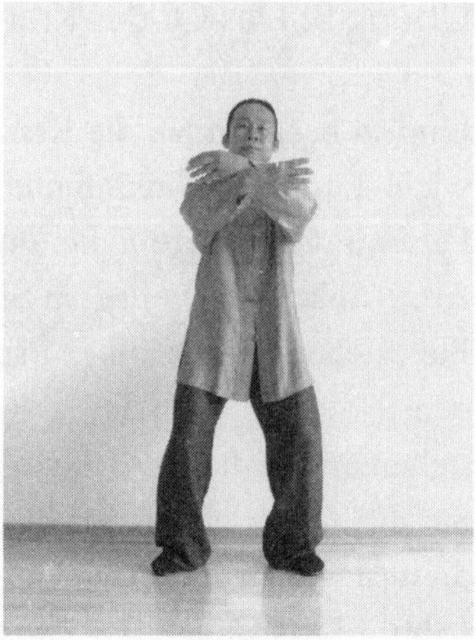

133

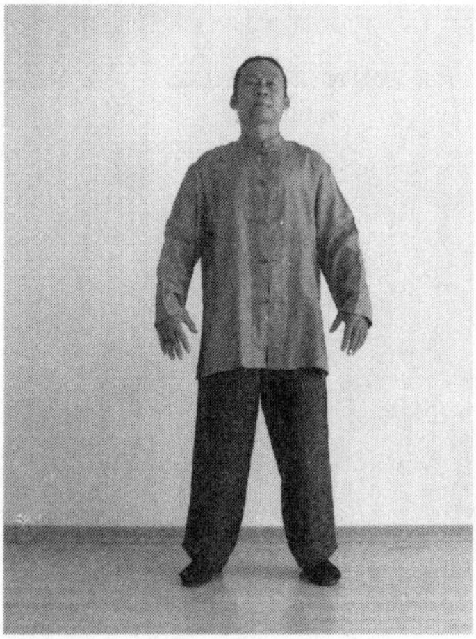

134

135

6 Die Schlangenform

Die Schlange ist ein sehr elegantes und geschmeidiges Tier. Sie bewahrt Ruhe und lässt sich auch durch langes Warten nicht von ihrem Ziel abbringen. Sie verlässt sich ganz auf ihren Instinkt, ist behutsam und zugleich zielstrebig. Ihre Bewegungen sind sanft, münden aber in ein blitzartiges Vorschnellen. Die Schlange gilt als Herrscherin über Erde und Wasser. Eine thailändische Legende erzählt von Naag, einer Schlange, die einem Drachen gleicht und die Klöster vor bösen Geistern und schlechten Einflüssen schützt.

Charakteristisch für die Schlangenform sind fließende, in sich gedrehte Bewegungen, ein ruckartiges Zuschlagen und tiefe Stellungen.

Die Schlangenform fördert Ihre Beweglichkeit und Geschmeidigkeit. Um sanfte und runde Bewegungen auszuführen, sollte man auch im Geist flexibel sein und sich nicht durch die tiefen Stellungen abschrecken lassen. Mit jedem Mal wird die Übung besser, schöner, runder und lockerer.

Übung 1: Das Qi der Schlange wecken

Verbeugen Sie sich. Dann gehen Sie mit einem Bogenschritt nach links in die Bärenstellung (S. 42, öffnen die Arme vor der Brust (Handflächen nach innen) und senken sie; dabei zeigen die Handflächen nach unten (Abb. 136, 137, 138, 139). Wecken Sie nun das Qi (S. 57).

136

137

138

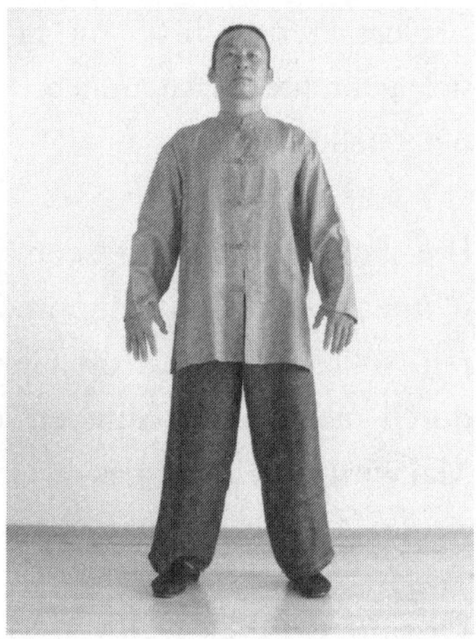

139

Übung 2: Die Schlange nimmt Witterung auf (linke Ecke)

Formen Sie mit den Händen einen großen Ball; die linke Hand ist oben, die Handflächen zeigen zueinander. Verlagern Sie dann das Gewicht nach links, drehen Sie die rechte Fußspitze in die rechte vordere Ecke (Abb. 140), und verlagern Sie das Gewicht nach rechts. In einem Bogenschritt gehen Sie mit dem linken Fuß in die 1. Richtung. Dabei lassen Sie die Hände kreisen – die rechte Hand beschreibt einen Halbkreis nach hinten und wird auf Schulterhöhe nach vorn geschoben, die linke Hand streift das Knie (Abb. 141, 142). Nun strecken Sie den rechten Arm mit waagerechter Hand in die linke vordere Ecke und drehen den Oberkörper aus der Hüfte heraus leicht mit (Abb. 143). Die linke Hand hängt entspannt an der Seite.

Hinweis: Versuchen Sie, auch Ihre Hüfte in die Ecke zu drehen, nicht nur den Oberkörper. Achten Sie dabei auf Ihre Knie. Das

140

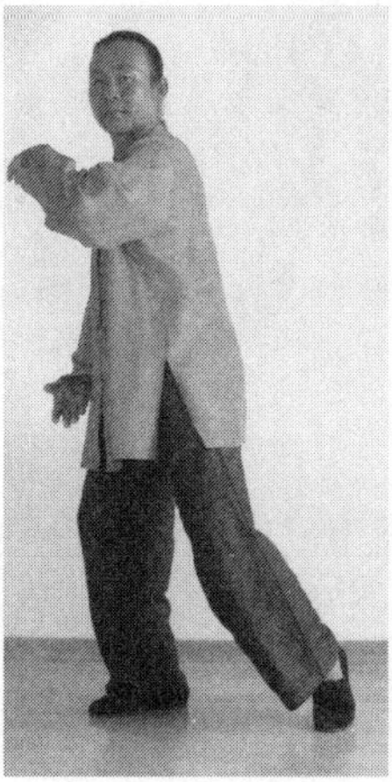

141

142

143

144

145

146

147

hintere Knie sollte nicht nach innen einknicken, das vordere zeigt mit der Fußspitze in die 1. Richtung.

Senken Sie dann den rechten Arm, und bringen Sie die linke Hand nach oben. Sie schauen dabei immer noch in die linke vordere Ecke (Abb. 144).

Das wird 2-mal wiederholt: Formen Sie mit den Händen einen großen Ball; die linke Hand ist oben, die Handflächen zeigen zueinander. Verlagern Sie dabei das Gewicht nach rechts hinten (Abb. 145). Lassen Sie die Hände kreisen – die rechte Hand beschreibt einen Halbkreis nach hinten und wird auf Schulterhöhe nach vorn geschoben, die linke Hand streift das Knie (Abb. 146, 147).

Nun strecken Sie den rechten Arm mit waagerechter Hand in die linke vordere Ecke und drehen den Oberkörper aus der Hüfte heraus leicht mit (Abb. 148). Die linke Hand hängt entspannt an der Seite. Senken Sie den rechten Arm, und bringen Sie die linke Hand nach oben. Sie schauen dabei immer noch in die linke vordere Ecke (Abb. 149).

Verlagern Sie dann das Gewicht zum 3. Mal nach hinten rechts, formen Sie wieder einen Ball, streifen Sie das linke Knie, und wenden Sie sich noch einmal mit ausgestreckter rechter Hand in die Ecke. Dann das Gewicht nach hinten rechts verlagern und mit den Händen einen Ball formen (Abb. 150).

148

149

150

Übung 3: Die Schlange beißt zu (rechts vorn)

Bewegen Sie die Arme im Halbkreis, bis die rechte Hand oben ist, und formen Sie mit dieser Hand einen Schlangenkopf, der nach vorn zeigt. Gleichzeitig heben Sie das linke Bein und ziehen die Fußspitze etwas zum Körper hin. Sie blicken in die 1. Richtung (Abb. 151).

Jetzt streift die linke Hand an der äußeren rechten Elle entlang nach oben bis zum rechten Handgelenk. Sie stehen immer noch auf einem Bein, drehen den Oberkörper aber jetzt nach links. *Hinweis: Wenn Sie das Gleichgewicht nicht halten können, setzen Sie den Fuß in der Katzenstellung ab und versuchen es noch einmal.*

Dann strecken Sie beide Arme gleichzeitig ruckartig seitlich zum Rumpf aus, also den rechten Arm in die 1. Richtung, den linken in die 4. (Abb. 152, Seitenansicht Abb. 153)

151

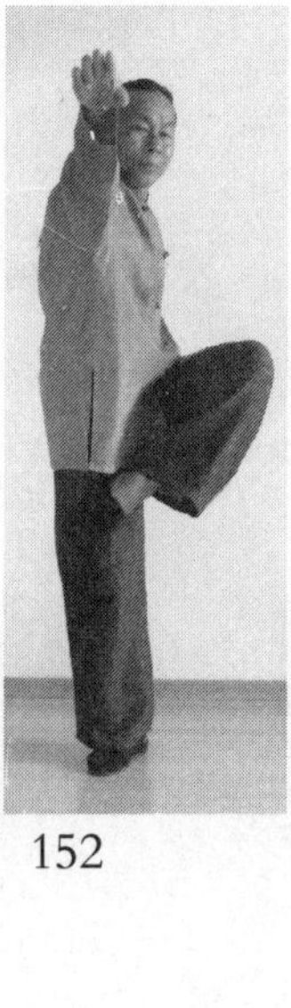

152

153

Setzen Sie den linken Fuß vorn ab, und gehen Sie in die Scherenstellung. Die Arme sind noch ausgestreckt (Abb. 154). Formen Sie mit den Händen einen großen Ball (rechts ist oben; Abb. 155), und streifen Sie im Schlangenstil das Knie: Machen Sie dazu mit dem rechten Bein einen Bogenschritt in die 1. Richtung, streifen Sie das Knie mit der rechten Hand, und führen Sie die linke Hand über einen leichten Bogen von hinten nach vorn (Abb. 156).

Jetzt wiederholen Sie »Die Schlange nimmt Witterung auf« und »Die Schlange beißt zu« auf der anderen Seite:

154

155

156

Übung 4: Die Schlange nimmt Witterung auf (rechte Ecke)

Sie stehen in der Drachenstellung, der linke Arm ist gehoben, und die linke Schlangenhand zeigt in die 1. Richtung. Nun führen Sie den linken Arm mit waagerechter Hand in die rechte vordere Ecke und drehen den Oberkörper aus der Hüfte heraus leicht mit (Abb. 157). Die rechte Hand hängt entspannt an der Seite.

Senken Sie dann den linken Arm, und bringen Sie die rechte Hand nach oben (Abb. 159). Sie schauen dabei immer noch in die rechte vordere Ecke (Abb. 158).

Das wird 2-mal wiederholt: Formen Sie mit den Händen einen großen Ball; die rechte Hand ist oben, die Handflächen zeigen zueinander. Verlagern Sie das Gewicht nach links hinten. Lassen Sie die Hände kreisen, und streifen Sie mit der rechten Hand das Knie (vgl. Abb. 146, 147, nur seitenverkehrt).

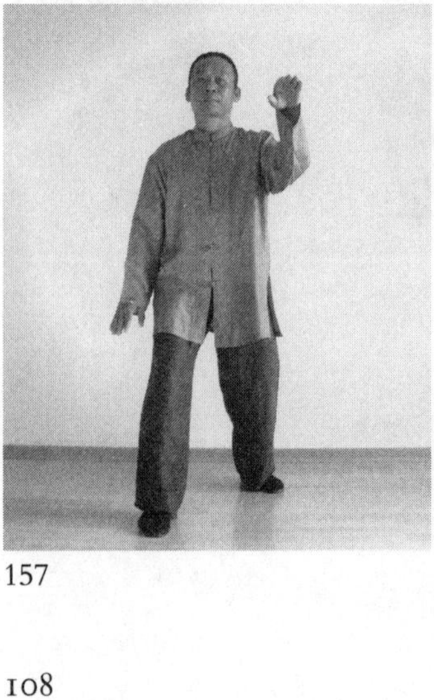

157

158

Nun strecken Sie den linken Arm mit waagerechter Hand in die rechte vordere Ecke und drehen den Oberkörper aus der Hüfte heraus leicht mit. Senken Sie den linken Arm, und bringen Sie die linke Hand nach oben.

Verlagern Sie dann das Gewicht zum 3. Mal nach hinten links, formen Sie wieder einen Ball, streifen Sie zum letzten Mal das rechte Knie, und wenden Sie sich noch einmal mit ausgestreckter linker Hand in die Ecke. Dann das Gewicht nach hinten links verlagern und mit den Händen einen Ball formen (Abb. 160).

159

160

Übung 5: Die Schlange beißt zu (links vorn)

Lassen Sie die Hände kreisen – die linke Hand kommt nach oben, die rechte nach unten (Abb. 161). Formen Sie mit der linken Hand einen Schlangenkopf, der nach vorn zeigt. Gleichzeitig heben Sie das rechte Bein und ziehen die Fußspitze etwas zum Körper hin. Sie blicken in die 1. Richtung (Abb. 162). Jetzt streift die rechte Hand an der äußeren linken Elle entlang nach oben bis zur linken Hand (Abb. 163). Sie stehen immer noch auf einem Bein, drehen den Oberkörper aber jetzt nach rechts. *Hinweis: Wenn Sie das Gleichgewicht nicht halten können, setzen Sie den Fuß in der Katzenstellung ab und versuchen es noch einmal.*

Dann strecken Sie beide Arme gleichzeitig ruckartig seitlich zum Rumpf aus, also den linken Arm in die 1. Richtung, den rechten in die 4. (Abb. 164, Seitenansicht Abb. 165).

161

162

163

164

165

Übung 6: Das Knie streifen

Setzen Sie den rechten Fuß vorn ab. Die Fußspitze zeigt in die linke vordere Ecke. Formen Sie mit den Händen einen großen Ball (linke Hand ist oben, die Handflächen zeigen zueinander (Abb. 166). Lassen Sie die Hände kreisen: Die rechte wird nach oben geführt (Handfläche nach vorn), die linke streift das Knie. Dabei machen Sie mit dem linken Bein einen Bogenschritt in die 3. Richtung (Abb. 167, 168).

166

167

168

Übung 7: Die Schlange hält Ausschau

Sie stehen schulterbreit, in die 3. Richtung gewandt, der rechte Arm ist gehoben. Jetzt verlagern Sie das Gewicht nach hinten und heben auch den linken Arm, bis der linke Hand-

169

170

171

rücken die rechte Handfläche berührt (Abb. 169). Dann gehen Sie mit dem Körper nach unten fast in die Hocke, ziehen dabei die rechte Hand zur Hüfte und heben gleichzeitig die linke (Abb. 170, 171). Die Schlange hält Ausschau und sieht sich um. *Hinweis: Übende mit Knieproblemen gehen nicht so tief, führen aber die Armbewegungen trotzdem sorgfältig aus.*

Aus der tiefen Stellung heraus verlagern Sie das Gewicht nach vorn und wechseln die Handpositionen: Die rechte Hand strecken Sie zunächst nach vorn (Abb. 172).

172

Übung 8: Die Schlangen umarmen sich

Teil 1

Verlagern Sie das Gewicht nach rechts hinten, drehen Sie die linke Fußspitze in die linke Ecke, und bringen Sie die Hände vor dem Körper zusammen (Abb. 173). Die linke Handfläche berührt leicht den rechten Handrücken. Jetzt verlagern Sie das Gewicht nach links und machen mit rechts einen Bogenschritt nach vorn in die 3. Richtung. Die Hände berühren sich immer noch und beschreiben gemeinsam einen flachen Kreis vor der Brust (als wollten Sie Mehl auf einem Mühlstein mahlen; Abb. 174, 175, 176).

In der Ecke verlagern Sie das Gewicht wieder nach hinten und schieben dabei die rechte Hand über den linken Handrücken (Abb. 177). Diese Kreisbewegungen wiederholen Sie mit der Gewichtsverlagerung (zurück, vor) weitere 2 Male (Abb. 178, 179, 180).

173

174

175

176

177

178

Hinweis: Die Handbewegungen und die Gewichtsverlagerung sollten fließend sein. Vielleicht kennen Sie das Paarungsverhalten von Schlangen. Sie winden sich dabei in sanften Drehungen um ihre Körper. Genau so eine Bewegung wird hier mit den Händen nachvollzogen.

179

180

Teil 2

Dann wechseln Sie das Bein, indem Sie mit links einen Bogenschritt in die 3. Richtung machen (Gewicht nach links, rechte Fußspitze heben und drehen, linker Bogenschritt). Die Handhaltung verändert sich dabei nicht. Wenn Sie nun wieder mit dem Handkreisen beginnen, liegt die rechte Handfläche auf

181

182

dem linken Handrücken, und Sie drehen sich in die linke Ecke (Abb. 181, 182).

Wenn Sie das Gewicht ganz auf das linke Bein verlagert haben und Ihre Hände in die Ecke zeigen, schieben Sie die linke Hand nach oben und ziehen beide langsam zurück an den Körper. Auch hier kreisen die Arme insgesamt 3-mal (Abb. 183, 184, 185, 186, 187).

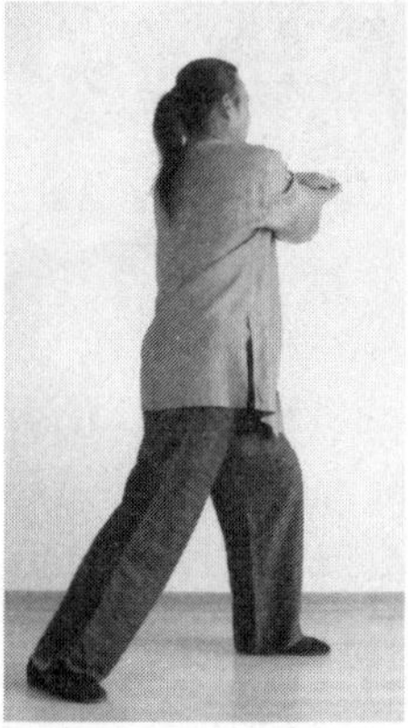
183

184

185

186

187

Übung 9: Die Schlangen trennen sich und kriechen davon

Beim 3. Mal – die linke Hand ist oben – verlagern Sie das Gewicht kurz nach rechts und setzen die linke Fußspitze in die rechte vordere Ecke, damit Sie sich umdrehen können. Senken Sie die Hände, die einander immer noch berühren, langsam Richtung Boden (Abb. 188, 189), und machen Sie einen weiten Schritt in die 2. Richtung, um in die tiefe Stellung zu gelangen (Abb. 190). Die Fingerspitzen weisen den Weg, und die Handflächen streifen leicht über den Boden.

Dann trennen sich die Hände. Bewegen Sie die rechte Hand ein kleines Stück vor der linken nach vorn, also in die 2. Richtung (Abb. 191). Richten Sie sich nun »mittig« auf, und heben Sie beide Arme auf Schulterhöhe (Abb. 192, 193). Sie stehen jetzt bequem in der Drachenstellung und blicken in die 2. Richtung. Die Hände sind parallel auf Schulterhöhe ausgerichtet.

188

189

190

191

192

193

Anschließend verlagern Sie das Gewicht nach links und drehen erst den rechten Fuß und dann den ganzen Körper in die 1. Richtung (Abb. 194). Beide Arme wandern dabei automatisch nach vorn. Machen Sie mit dem linken Bein einen Bogenschritt nach hinten in die ursprüngliche Bärenstellung mit Blick in die 1. Richtung (Abb. 195, 196).

194

195

196

Übung 10: Das Qi der Schlange beruhigen

Senken Sie die Arme (Abb. 197), und beruhigen Sie dann das Qi, indem Sie die Arme einmal vor dem Körper heben und senken (Abb. 198, 199). Dann ziehen Sie den linken Fuß an den rechten und verbeugen sich.

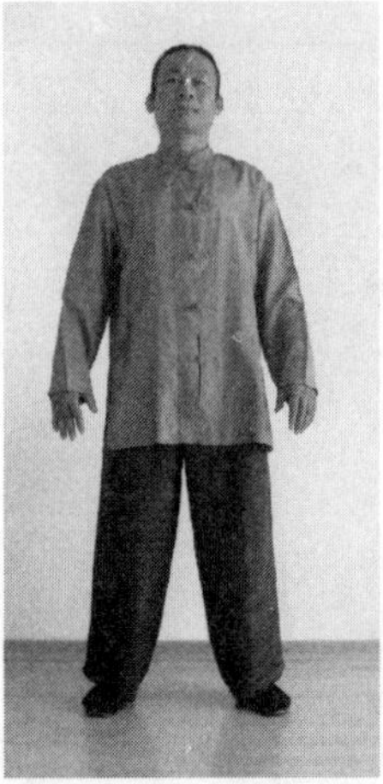

197

198

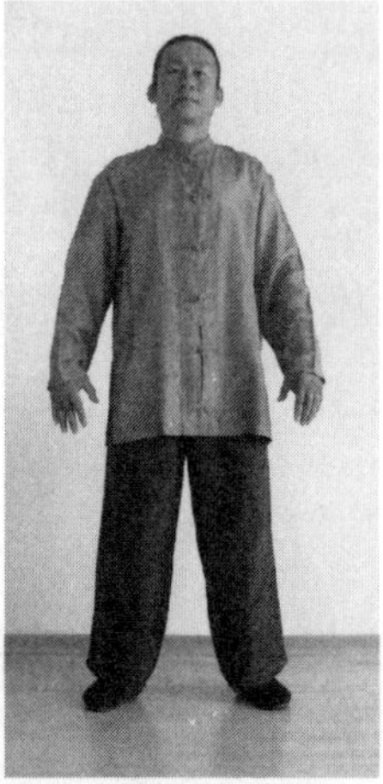

199

7 Die Affenform

Der Affe ist geschickt und flink, lustig, fröhlich und verspielt, aber auch schlau. Er ist immer bereit, etwas »anzustellen«, und gleicht dem Menschen von den 5 Tieren am meisten. »Affengeist« nannte der Buddha unsere unsteten Gedanken, die herumtollen und nicht zur Ruhe kommen möchten.

Die Affenform fördert Ihre Beweglichkeit, denn Sie springen und drehen sich dabei. Wenn Sie diese Form üben, wird sich Ihre Laune bessern, und Sie können Ihren Affengeist beruhigen.

Die Körperbeherrschung steht bei der Affenform im Vordergrund. Weil Sie das Gleichgewicht schnell verlieren können, führen Sie die Übungen bewusst aus, und springen Sie erst, wenn Sie sicher sind, wo Sie landen können. Ein weiterer wichtiger Aspekt ist die Orientierung im Raum. Achten Sie auf die Schrittfolgen, die in die Ecken gemacht werden, und drehen Sie sich exakt.

Vom Affengeist

Dem Affen war langweilig. Langsam schaukelte er auf seinem Lieblingsbaum und sann nach Abwechslung. Da sah er einen Tiger, der langsam seines Weges ging und nach Beute Ausschau hielt. Der Tiger weckte das Interesse des Affen, und er begann, ihn zu verfolgen und zu ärgern. Er schnatterte in den Bäumen über dem Tiger, rupfte Blätter ab und bewarf ihn. Es dauerte nicht lange, bis der Tiger ärgerlich wurde und ihn anfauchte: »Lass mich in Ruhe! Ich will jagen.«

»Du bist doch so schnell, los, probier mal, ob du mich fangen kannst«, rief der Affe. Geschwind kletterte er den Stamm hinunter und trommelte kurz auf den Boden. Bevor der Tiger auch nur reagierte, war er schon wieder oben auf dem Baum. So ging das eine Weile, bis der Tiger die Geduld verlor. Beim nächsten Mal, als der Affe wieder am Boden war, griff er blitzschnell an und biss dem Affen ein Stück seines langen Schwanzes ab. Entsetzt schrie der Affe auf – das hatte er nicht erwartet. Kleinlaut zog er sich in die Baumspitze zurück und jammerte: »Warum hast du das getan? Wie soll ich mich denn jetzt festhalten?«

Der Tiger antwortete: »Wer auf sich aufmerksam macht, bekommt immer eine Reaktion. Du hast mich provoziert und bekommen, was du wolltest: meine Aufmerksamkeit. Besser wäre es gewesen, wenn du deinen Affengeist vorher beruhigt hättest.«

Übung 1: Das Qi des Affen wecken

Verbeugen Sie sich. Dann gehen Sie mit einem Bogenschritt nach links in die Bärenstellung (S. 42), öffnen die Arme vor der Brust (Handflächen nach innen) und senken sie; dabei zeigen die Handflächen nach unten (Abb. 200, 201, 202, 203).

Jetzt wecken Sie das Qi des Affen, indem Sie beide Hände sanft auf das untere Dantien legen. Die rechte Hand ist unten, die linke Hand liegt darüber. Schütteln Sie Ihr Energiezentrum kurz, indem Sie die Bauchdecke mit leichten Rüttelbewegungen nach oben und unten schieben (Abb. 204).

Abschließend wecken Sie das Qi weitere 2 Male auf die gewohnte Weise, also indem Sie die Arme vor dem Körper heben und senken (Abb. 205, 206, 207, 208).

200

201

202

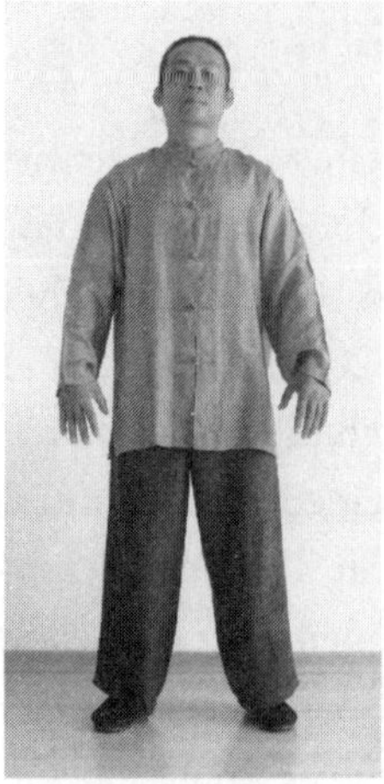
203

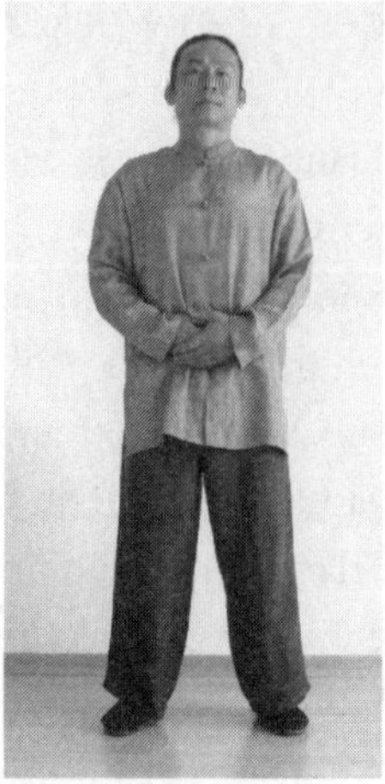
204

205

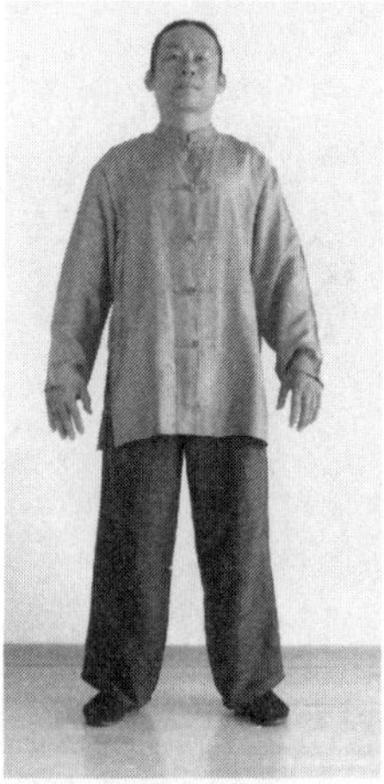
206

207

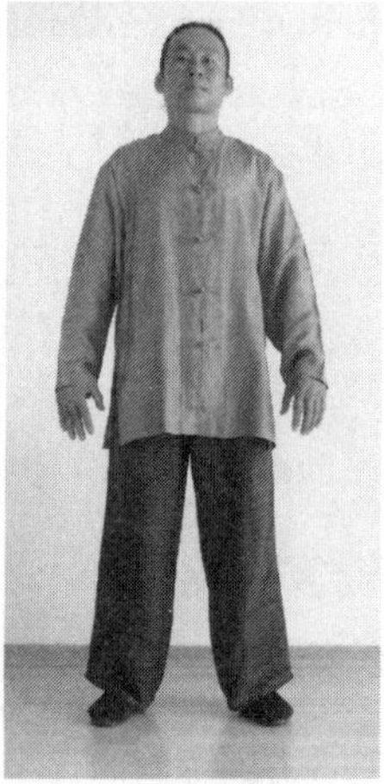
208

Übung 2: Der Affe kreist die Hüften

Teil 1

Heben Sie die Arme, und gehen Sie gleichzeitig ein wenig in die Knie. Die Hüfte wird leicht nach vorn gekippt (Abb. 209). Drehen Sie den Oberkörper aus der Hüfte heraus nach rechts. Die Füße bleiben in ihrer Position, nur der Rumpf mit den Armen bewegt sich (Abb. 210). Sie blicken nun in die 2. Richtung.

Senken Sie den rechten Arm, und formen Sie mit beiden Händen einen großen Ball. Bringen Sie die Fingerspitzen der linken Hand zueinander, als würden Sie eine Traube halten. Die rechte, untere Hand bleibt geöffnet (Abb. 211).

Drehen Sie sich nun auf die linke Seite, also in die 3. Richtung, wobei die Handpositionen noch nicht verändert werden (Abb. 212, 213).

209

210

211

212

213

Teil 2

Wechseln Sie links die Arme: Die rechte Hand wird in einem Halbkreis nach oben geführt, die linke nach unten. Dabei berühren sich jetzt die Fingerspitzen der rechten Hand, während sich die linke öffnet (Abb. 214).

Drehen Sie sich wieder nach rechts, aber nicht so weit wie vorhin, sondern nur in die rechte Ecke (das ist die Position zwischen 1. und 2. Richtung; Abb. 215). Dabei heben Sie die rechte Fußspitze und drehen sie mit der Rumpfdrehung mit.

214

215

Übung 3: Der Affe blickt nach Norden

Verlagern Sie das Gewicht auf das rechte Bein, drehen Sie den Oberkörper in die 1. Richtung, und machen Sie mit dem linken Bein einen Bogenschritt nach vorn. Dabei streift die rechte Hand ohne Berührung am rechten Unterarm entlang (Abb. 216). Verlagern Sie währenddessen das Gewicht leicht nach vorn auf das linke Bein, und führen Sie die linke Hand nach oben zur Stirn (Abb. 217), als wollten Sie in die Ferne blicken. Die rechte Hand sinkt nach unten. Der Affe blickt nach Norden und weitet dabei die Augen. Fixieren Sie am besten für einen Moment etwas in der Ferne.

216

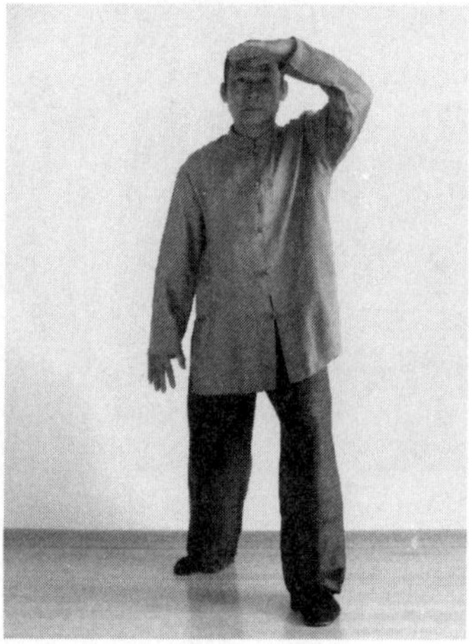

217

Übung 4: Der hungrige Affe greift nach der Frucht (rechts)

Teil 1

Das Gewicht ist immer noch vorn. Nun drehen Sie sich in die 2. Richtung (also nach rechts) und wechseln die Arme: Zuerst formen Sie mit den Händen kurz einen großen Ball (Abb. 218), dann streifen Sie mit der rechten Hand am linken Unterarm nach oben. Dabei heben Sie das rechte Bein (Abb. 219). Die rechte Hand wird zur Stirn geführt, doch diesmal zeigt der Daumen nach außen (die Handfläche ist unten). Wenn möglich, berührt das rechte Knie den rechten Ellenbogen. Die linke Hand sinkt an die Hüfte (Abb. 220, 221).

Formen Sie mit den Händen wieder einen großen Ball (rechts ist oben; Abb. 222). Setzen Sie das rechte Bein mit einem Bogenschritt vorn ab, und streifen Sie mit der rechten Hand in der Vorwärtsbewegung das Knie (Abb. 223). Dann

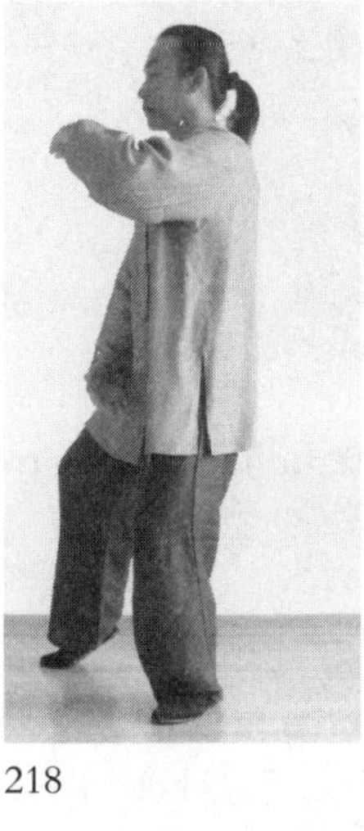

218

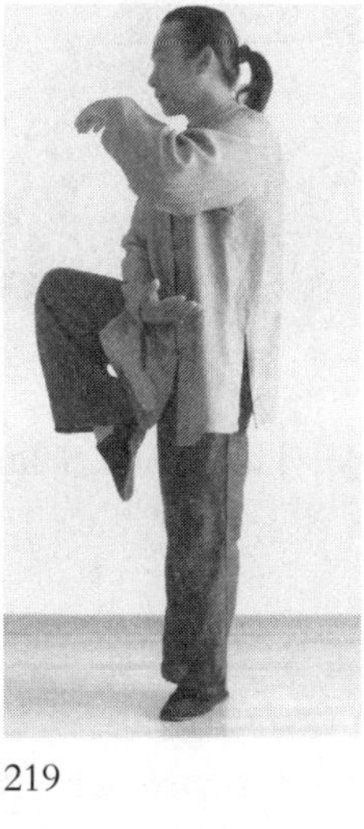

219

220

221

222

223

224

schieben Sie die linke Hand auf Schulterhöhe nach vorn (Abb. 224).

Teil 2

Greifen Sie nun nach den »Früchten«: Führen Sie die Fingerspitzen der linken Hand zusammen (Abb. 225), heben Sie auch den rechten Arm, und bringen Sie die Fingerspitzen der rechten Hand zusammen (Abb. 226).

Halten Sie die »Früchte« fest, indem Sie die Fingerspitzen aneinander lassen, und wenden Sie sich in die 1. Richtung. Dafür drehen Sie den linken Fuß auf der Ferse nach vorn, Ihr Gewicht bleibt rechts. Verlagern Sie dann das Gewicht ganz auf den linken Fuß, sobald Sie ihn abgesetzt haben (Abb. 227).

225

226

227

Übung 5: Der Affe steigt vom Baum und streift durch das Gras

Teil 1

Setzen Sie die rechte Fußspitze neben dem linken Fuß ab (Adlerstellung, s. S. 45), und formen Sie mit den Händen einen großen Ball, wobei die linke Hand oben ist. Die Fingerspitzen der linken Hand liegen noch aneinander, während die rechte wieder geöffnet ist (Abb. 228). Gehen Sie dann – je nach Beweglichkeit und Kraft – langsam in die Knie. *Hinweis: Falls Sie Probleme mit den Knien haben, bleiben Sie oben oder deuten diese Bewegung nur an.*

Streifen Sie mit der rechten Hand am linken Unterarm nach oben, strecken Sie das rechte Bein aus, und gehen Sie möglichst tief hinunter (Abb. 229). Die Hände bleiben in der vorigen Position. Sie blicken jetzt in die 2. Richtung.

In dieser tiefen Stellung führen Sie die rechte Hand am rechten Bein entlang zum Boden (Handfläche unten). Die linke Hand wird – als Affenhand – nach hinten gestreckt

228

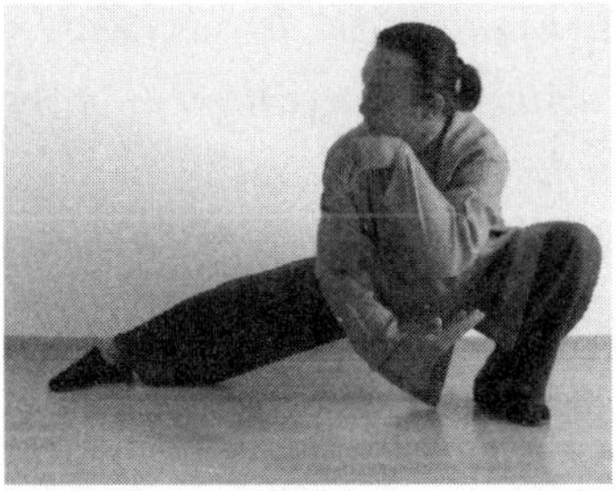

229

230

231

232

(Abb. 230). Dann ziehen Sie den rechten Arm wieder an den Oberkörper heran, winkeln ihn im Ellenbogen an und streifen mit der rechten Hand wieder am Unterarm entlang (Abb. 231).

Dann senken Sie beide Hände Richtung Boden. Formen Sie dabei kleine Affenhände (S. 52). Setzen Sie zuerst die linke Hand vor der Körpermitte ab, und gleiten Sie mit der rechten am Boden nach vorn. Setzen Sie sie neben dem rechten Bein ab. Die Hände berühren den Boden mit der Daumenspitze und den obersten Gliedern der übrigen Finger (Abb. 232).

Teil 2

Verlagern Sie das Gewicht nach vorn, und setzen Sie die linke Hand neben die rechte. Blicken Sie in die 2. Richtung

(Abb. 233). *Hinweis: Wer möchte, kann sich bei der Gewichtsverlagerung nach vorn auf dem Boden abstützen oder geht gar nicht erst so weit nach unten. Deuten Sie dann das Aufstützen nur an.*

Drehen Sie nun die Handflächen nach oben, und verlagern Sie das Gewicht nach hinten. Die Hände wandern dabei nach hinten, als würden Sie sie mit den Handrücken nach unten über den Boden schleifen, und werden bis zur Hüfte zurückgezogen (Abb. 234). Dann ziehen Sie die Hände zur Brust und drehen die Handflächen nach vorn. Erheben Sie sich, und schieben Sie die Hände vorwärts, bis Sie in der Drachenstellung stehen (Abb. 235, 236).

233

234

235

236

Übung 6: Der hungrige Affe greift nach der Frucht (links)

Teil 1

Die Übung wird nun auf der anderen Seite wiederholt. Senken Sie die Handflächen, und drehen Sie die ausgestreckten Arme und den Oberkörper nach links in die Ecke (Abb. 237). Verlagern Sie das Gewicht nach links, und drehen Sie die rechte Fußspitze in die linke vordere Ecke. Dann verlagern Sie das Gewicht nach hinten, also nach rechts. Sie ziehen die Arme zum Oberkörper und formen mit den Händen einen großen Ball. Die rechte Hand ist oben, Sie blicken weiter in die Ecke (Abb. 238).

Jetzt streifen Sie mit der linken Hand am rechten Unterarm nach oben und heben dabei das linke Bein. Die linke Hand wird zur Stirn geführt, der Daumen zeigt wieder nach außen (die Handfläche ist unten). Wenn möglich, berührt das linke Knie den linken Ellenbogen. Die rechte Hand sinkt an die Hüfte, und Sie blicken in die 3. Richtung (Abb. 239).

237

238

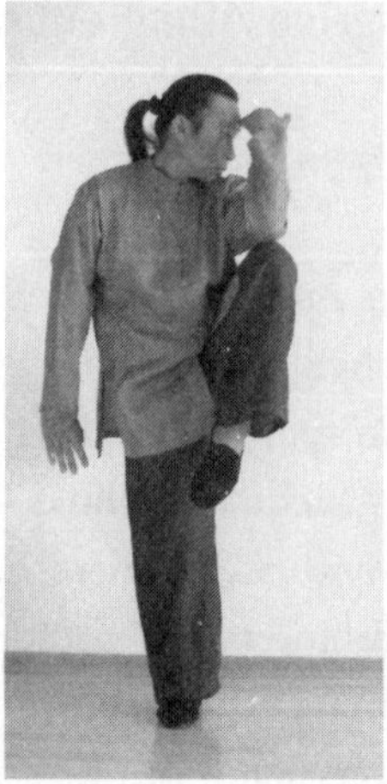

239

240

241

242

Formen Sie mit den Händen wieder einen großen Ball (links ist oben; Abb. 240). Setzen Sie das linke Bein mit einem Bogenschritt vorn ab, und streifen Sie mit der linken Hand in der Vorwärtsbewegung das Knie (Abb. 241). Dann schieben Sie die rechte Hand auf Schulterhöhe nach vorn (Abb. 242).

Teil 2

Jetzt greifen Sie wieder nach den »Früchten«: Führen Sie die Fingerspitzen der rechten Hand zusammen (Abb. 243), heben Sie auch den linken Arm, und bringen Sie die Fingerspitzen der linken Hand zusammen (Abb. 244).

Halten Sie die »Früchte« fest, indem Sie die Fingerspitzen aneinander lassen, und drehen Sie sich in die 1. Richtung. Dafür drehen Sie den rechten Fuß auf der Ferse nach vorn, Ihr Gewicht bleibt links. Verlagern Sie dann das Gewicht ganz auf den rechten Fuß, sobald Sie ihn abgesetzt haben (Abb. 245).

Gehen Sie in die Adlerstellung, wobei der linke Fußballen leicht neben dem rechten Fuß aufgestellt ist. Sie formen durch das Senken des linken Arms mit den Händen einen großen Ball (Abb. 246). Die Fingerspitzen der rechten Hand liegen noch aneinander, während die linke wieder geöffnet ist.

Anders als beim ersten Mal auf der linken Seite gehen Sie jetzt in die 3. Richtung in die Drachenstellung. Dabei streifen

243

244

245

246

247

Sie mit der linken Hand über den rechten Unterarm und schieben sie auf Schulterhöhe nach vorn (Abb. 247). Die rechte Hand behält die gekrümmten Finger bei.

Übung 7: Der Affe steigt vom Baum und streift durch das Gras

Teil 1

Verlagern Sie nun das Gewicht nach hinten, und gehen Sie in die tiefe Stellung (Abb. 248). Streifen Sie mit der linken Hand am rechten Unterarm nach oben, während Sie in die 3. Richtung blicken.

Formen Sie kleine Affenhände (S. 52). Setzen Sie die rechte Hand vor der Körpermitte auf dem Boden ab, und gleiten Sie mit der linken Hand am Boden nach vorn. Setzen Sie sie neben dem linken Bein ab. Die Hände berühren den Boden mit der Daumenspitze und den mittleren Gelenken der übrigen Finger (Abb. 249).

Verlagern Sie das Gewicht nach vorn, und setzen Sie die rechte Hand neben der linken ab (Abb. 250). Sie blicken in die 3. Richtung.

Teil 2

Drehen Sie nun die Handflächen nach oben, und verlagern Sie das Gewicht nach hinten. Die Hände wandern dabei nach hinten, als würden Sie sie mit den Handrücken nach unten über den Boden schleifen, und werden bis zur Hüfte zurückgezogen (Abb. 251). Dann ziehen Sie die Hände zur Brust und drehen die Handflächen nach vorn (Abb. 252). Erheben Sie sich, und schieben Sie die Hände vorwärts, bis Sie in der Drachenstellung stehen (Abb. 253).

248

249

250

251

252

253

Übung 8: Der Affe blickt nach Norden

Verlagern Sie das Gewicht nach rechts, und drehen Sie den Oberkörper in die rechte vordere Ecke. Die Arme bleiben auf Schulterhöhe und drehen sich automatisch mit (Abb. 254).

Jetzt verlagern Sie das Gewicht nach links und formen mit den Händen einen großen Ball (links ist oben). Setzen Sie den rechten Fuß in die 1. Richtung vorn in der Katzenstellung ab (Abb. 255, 256). Heben Sie den rechten Arm, und führen Sie ihn an die Stirn, als wollten Sie in die Ferne blicken. Die linke Hand sinkt nach unten (Abb. 257). Der Affe schaut wieder nach Norden und weitet dabei die Augen. Fixieren Sie am besten für einen Moment etwas in der Ferne.

Verlagern Sie dann das Gewicht nach hinten, und drehen Sie den rechten Fuß auf der Ferse in die rechte vordere Ecke. Dabei dreht sich auch der Oberkörper leicht nach rechts. Formen Sie wieder einen großen Ball, verlagern Sie das Gewicht nach rechts vorn, und gehen Sie mit dem linken Bein nach vorn in die Katzenstellung. Diesmal führen Sie die linke Hand zur Stirn (Abb. 258, 259).

254

255

256

257

258

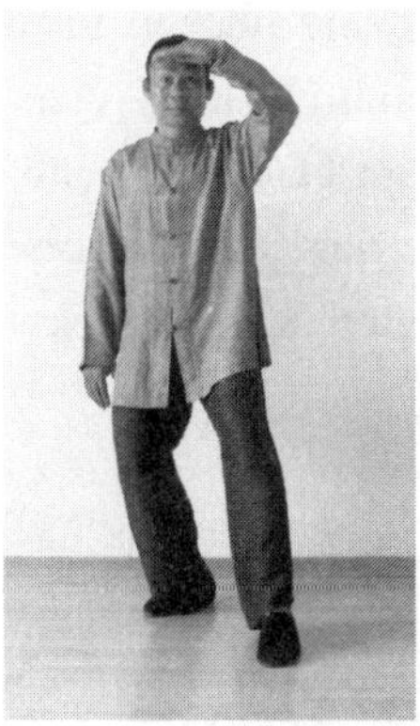
259

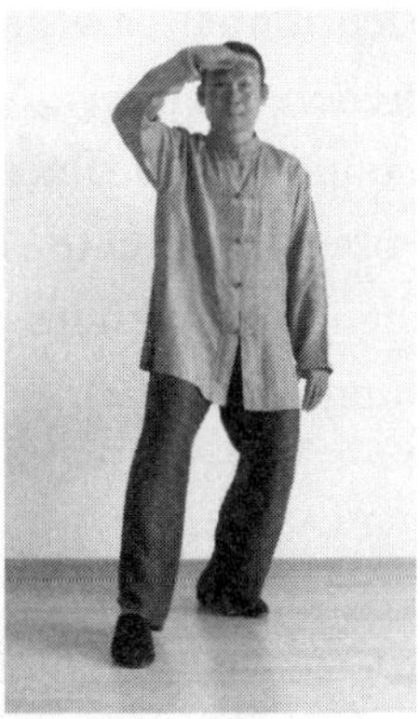
260

Nun wechseln Sie die Seite erneut: Verlagern Sie das Gewicht nach hinten, und drehen Sie den linken Fuß auf der Ferse in die linke vordere Ecke. Dabei dreht sich der Oberkörper leicht nach links. Formen Sie einen großen Ball, verlagern Sie das Gewicht nach links vorn, und gehen Sie mit dem rechten Bein nach vorn in die Katzenstellung. Führen Sie wieder die rechte Hand zur Stirn (Abb. 260). Wieder blickt der Affe nach Norden.

Übung 9: Der Affe rollt die Kokosnuss

Teil 1

Heben Sie nun die rechte Fußspitze, und drehen Sie sie in die linke vordere Ecke. Währenddessen führen Sie die linke Hand nach oben und formen mit beiden Händen einen großen Ball (links oben). Verlagern Sie Ihr Gewicht auf das rechte Bein (Abb. 261).

Stellen Sie sich vor, dass Sie eine Kokosnuss zwischen den Händen drehen, während Sie nun rückwärts gehen. (Achten Sie beim Rückwärtsgehen darauf, dass Sie die Beine in Schulterbreite nach hinten bewegen.) Sie blicken in die 3. Richtung und drehen den linken Arm im Halbkreis nach links und dann nach unten, den rechten im Halbkreis nach rechts und dann nach oben (die rechte Hand ist jetzt also oben). Gleichzeitig machen Sie mit links einen Schritt rückwärts in die Katzenstellung (Abb. 262).

261

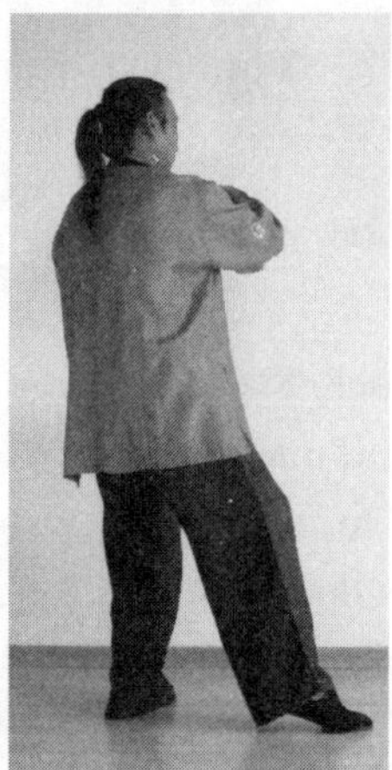

262

Teil 2

Bleiben Sie kurz in dieser Position, und drehen Sie dann wieder die Arme: Nun wird die linke Hand im Halbkreis nach oben geführt, die rechte Hand gesenkt, so dass links wieder oben ist. Gleichzeitig machen Sie mit rechts einen Schritt rückwärts in die Katzenstellung (Abb. 263).

Sie blicken immer noch in die 3. Richtung. Senken Sie beide Arme, heben Sie sie einmal vor dem Körper (Abb. 264), und senken Sie sie wieder (Abb. 265).

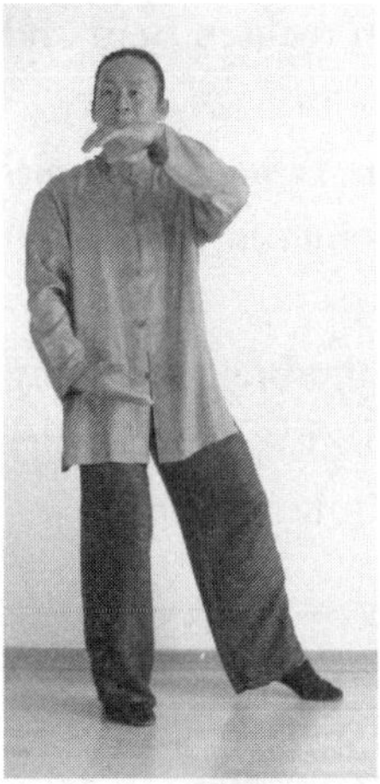

263

264

265

Übung 10: Der Affe springt vor Freude

Teil 1

Sie stehen immer noch in der Katzenstellung. Heben Sie jetzt den rechten Arm über den Kopf; die linke Hand zeigt mit der Handfläche nach oben. Sie drehen sich ein wenig in die 1. Richtung und holen damit Schwung (Abb. 266). Dann springen Sie diagonal in die hintere Ecke (zwischen 3. und 4. Richtung), indem Sie sich mit dem linken Bein abstemmen und sich währenddessen drehen (Abb. 267, 268). Die Arme schwingen einfach mit. Sie landen auf dem rechten Bein und setzen dann sofort das linke Bein ab.

Hinweis: Achten Sie auf Ihr Gleichgewicht. Wenn Sie unsicher sind, drehen Sie sich auf dem linken Bein und versuchen, exakt in der Ecke zu stoppen.

Beim »Landen« gehen Sie in die schulterbreite Stellung. Das linke Bein ist vorn, die Arme sind vor dem Oberkörper ausgestreckt, die Handflächen zeigen nach unten (Abb. 269).

266

267

268

269

Teil 2

Verlagern Sie das Gewicht nach rechts, und gehen Sie in die tiefe Stellung (rechtes Bein im Knie abgeknickt, linkes Bein ausgestreckt; Abb. 270). Dabei setzen Sie die Hände in der kleinen Affenhand vor sich ab (S. 52).

Erheben Sie sich wieder, und machen Sie einen Schritt in die 3. Richtung in die Katzenstellung – Gewicht auf dem

270

271

272

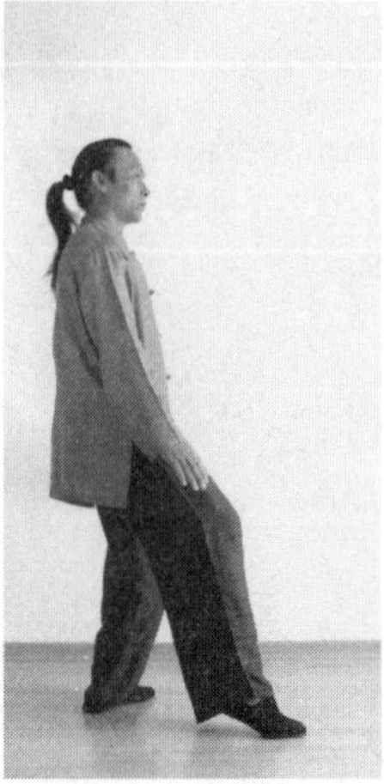
273

rechten Fuß, den linken Fuß auf der Ferse in die hintere Ecke drehen (Abb. 271), mit dem rechten Fuß im Bogenschritt nach vorn. Dabei heben und senken Sie einmal die Arme (Abb. 272, 273).

Teil 3

Verlagern Sie nun das Gewicht nach rechts vorn, und springen Sie nach schräg vorn in die Ecke (zwischen 1. und 3. Richtung), indem Sie sich mit dem linken Bein abstemmen. Sie landen ebenfalls auf dem linken Bein, setzen aber das rechte gleich danach ab. Während des Springens heben und senken Sie die Arme, damit Sie mehr Schwung bekommen (Abb. 274, 275, 276). *Hinweis: Der Sprung ähnelt dem Galoppschritt, den Sie vielleicht aus der Gymnastik kennen.*

Nachdem Sie »gelandet« sind, verlagern Sie das Gewicht sofort nach hinten (linker Fuß) und sinken einfach in die tiefe Stellung (Abb. 277). Die Hände werden in der kleinen Affenhand vorn abgesetzt (S. 52).

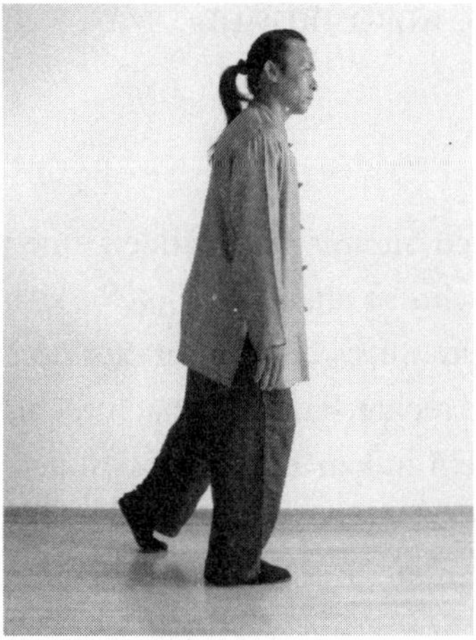

274

275

276

277

Übung 11: Der Affe rollt die Kokosnuss und wirft sie weg

Teil 1

Richten Sie sich auf, und formen Sie mit den Händen einen großen Ball vor dem Körper (rechts ist oben) – stellen Sie sich vor, dass Sie eine Kokosnuss halten. Das Gewicht ist auf dem linken Fuß, und Sie drehen die rechte Fußspitze nach rechts (Abb. 278). Machen Sie mit dem linken Bein einen Bogenschritt nach vorn; die Haltung der Arme verändert sich dabei nicht. Sie blicken immer noch in die 3. Richtung (Abb. 279, 280).

278

279

280

Teil 2

Verlagern Sie jetzt das Gewicht nach hinten, bewegen Sie die Arme im Halbkreis in die entgegengesetzte Position – links kommt nach oben, rechts nach unten –, und drehen Sie die linke Fußspitze nach links (Abb. 281). Machen Sie mit dem rechten Bein einen Bogenschritt nach vorn; die Haltung der Arme verändert sich dabei nicht. Sie blicken immer noch in die 3. Richtung (Abb. 282).

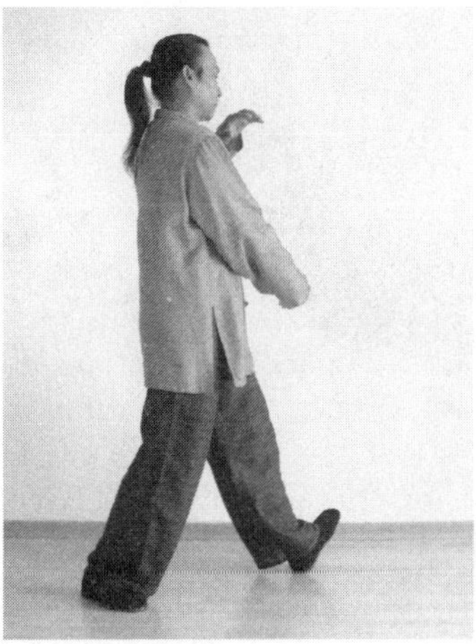

281

282

Teil 3

Nun folgt ein letzter Schritt in die 3. Richtung: Verlagern Sie das Gewicht nach hinten, bewegen Sie die Arme im Halbkreis in die entgegengesetzte Position – rechts kommt nach oben, links nach unten –, und drehen Sie die rechte Fußspitze nach rechts (Abb. 283). Machen Sie mit dem linken Bein einen Bogenschritt nach vorn; die Haltung der Arme verändert sich dabei nicht. Sie blicken immer noch in die 3. Richtung (Abb. 284).

Jetzt werfen Sie die Kokosnuss weg. Dazu heben Sie beide Arme in die linke Ecke und strecken am Ende der Bewegung die Hände aus (Abb. 285).

283

284

285

Übung 12: Der Affe steht auf einem Bein und wendet sich nach Norden

Teil 1

Senken Sie den linken Arm, und formen Sie mit den Händen einen großen Ball vor dem Körper (rechts ist oben). Machen Sie dabei eine Rumpfdrehung in die 1. Richtung (Abb. 286).

Heben Sie das linke Bein (der linke Ellenbogen berührt das Knie), streifen Sie mit der linken Hand am rechten Unterarm entlang (Abb. 287), und strecken Sie dann den linken Arm nach hinten. Dabei formen Sie eine Affenhand, als würden Sie etwas halten (Abb. 288). Stehen Sie ganz ruhig, und blicken Sie in die 3. Richtung.

286

287

288

Teil 2

Senken Sie dann den rechten Arm, und formen Sie mit den Händen wieder den großen Ball (Abb. 289). Dann folgt die Übung »Das Knie streifen«, die Sie schon kennen: Sie setzen den linken Fuß vorn in Schulterbreite ab, führen die linke Hand leicht über das linke Knie und schieben die rechte Hand nach vorn (der rechte Arm ist nicht ganz durchgestreckt, Handfläche zeigt nach vorn; Abb. 290, 291).

Verlagern Sie das Gewicht nach hinten auf das rechte Bein. Dann drehen Sie die linke Fußspitze in die 1. Richtung, heben die linke Hand ebenfalls auf Schulterhöhe und drehen sich in die 1. Richtung. Dabei werden die Arme zu beiden Seiten ausgestreckt (Abb. 292).

Senken Sie die Arme, heben Sie sie, kreuzen Sie sie kurz vor der Brust, und senken Sie sie wieder (Abb. 293, 294, 295).

289

290

291

292

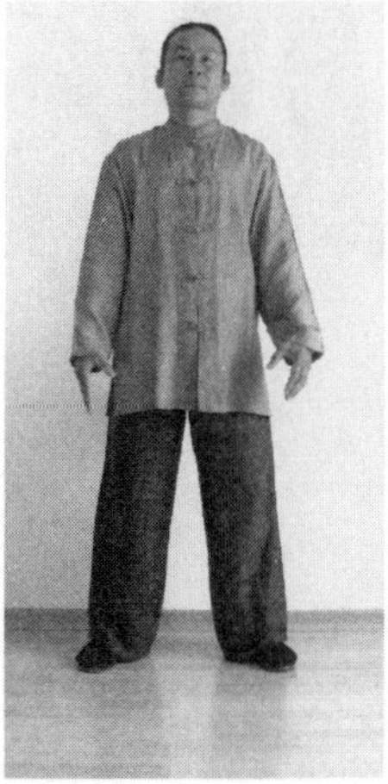
293

294

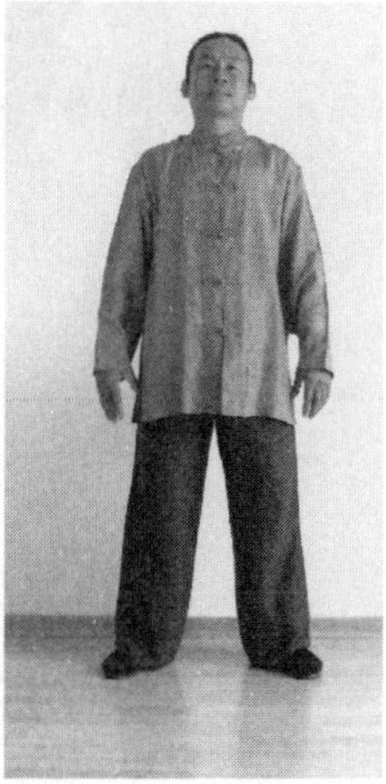
295

Übung 13: Das Qi des Affen beruhigen

Beruhigen Sie das Qi, indem Sie die Arme einmal vor dem Körper heben und senken (Abb. 296, 297). Dann ziehen Sie den linken Fuß an den rechten und verbeugen sich.

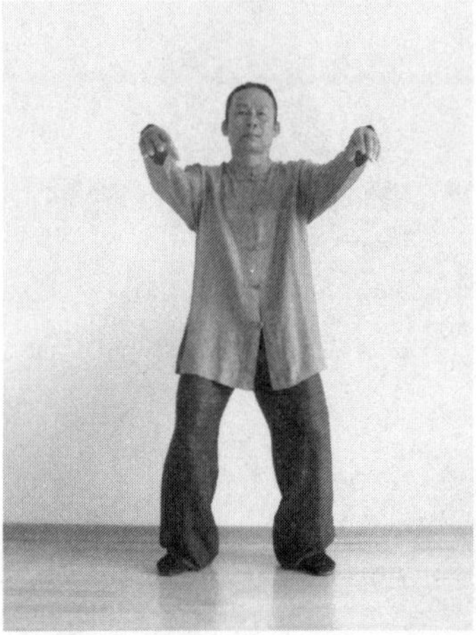

296

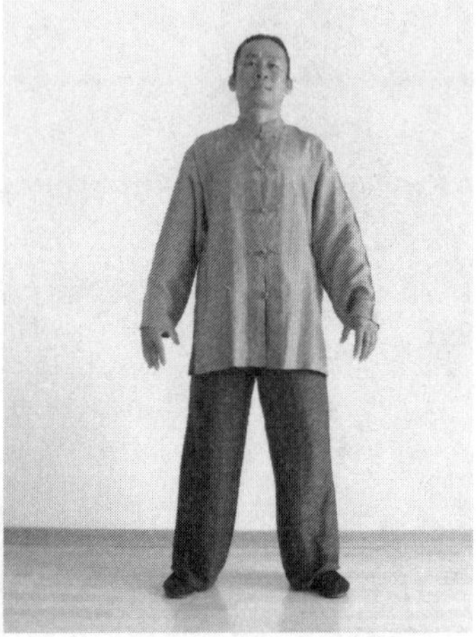

297

8 Die Tigerform

Der Tiger gilt als König der Tiere. Er kennt keine Furcht und wird von allen anderen Tieren respektiert. In seinen Bewegungen liegen Wildheit, Kraft, Würde und Stolz. Blitzschnell schlägt er mit seinen Pranken zu, und er wird wütend, wenn man ihn auf seinem Weg behindert. Er ist ein Meister der Gegenwart, konzentriert sich vollkommen auf das Jetzt. Nichts kann ihn aufhalten, denn er weiß um seine Stärke.

Die Bewegungen in der Tigerform vollziehen dies nach. Sie sammeln Ihre Kraft, um sie dann plötzlich zu entladen. Funkeln Sie mit den Augen, fühlen Sie die Wildheit des Tigers! Charakteristisch für diese Form (und den Tiger) sind

Gemälde einer unbekannten chinesischen Künstlerin

kraftvolle, ruckartige Bewegungen, ein katzenartiges Lauern und das Zupacken mit den Krallen.

Die Übungen der Tigerform sind kraftvoll und mit Energie auszuführen. Die tiefen Stellungen erfordern Muskelkraft, die man manchmal erst langsam aufbauen muss. Die schnellen Stöße benötigen die Sammlung des Qi – nur so kann der Tiger seine Kraft anwenden.

Übung 1: Das Qi des Tigers wecken

Verbeugen Sie sich. Dann gehen Sie mit einem Bogenschritt nach links in die Bärenstellung (S. 42), öffnen die Arme vor der Brust (Handflächen nach innen) und senken sie; dabei zeigen die Handflächen nach unten (S. Abb. 298, 299, 300, 301, 302). Formen Sie mit den Fingern Tigerkrallen, heben Sie die Arme noch einmal, und senken Sie sie wieder (Abb. 303, 304).

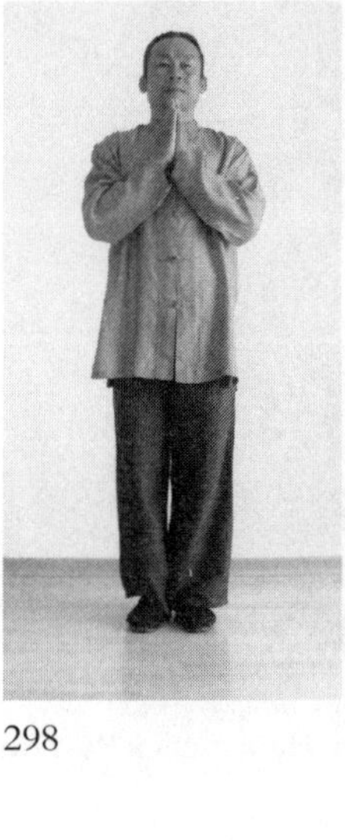

298

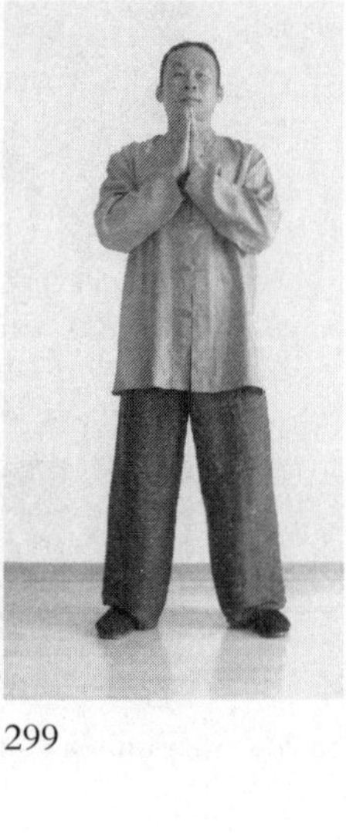

299

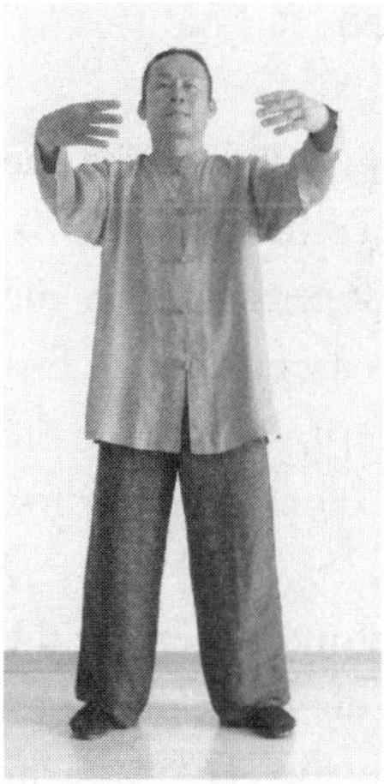
300

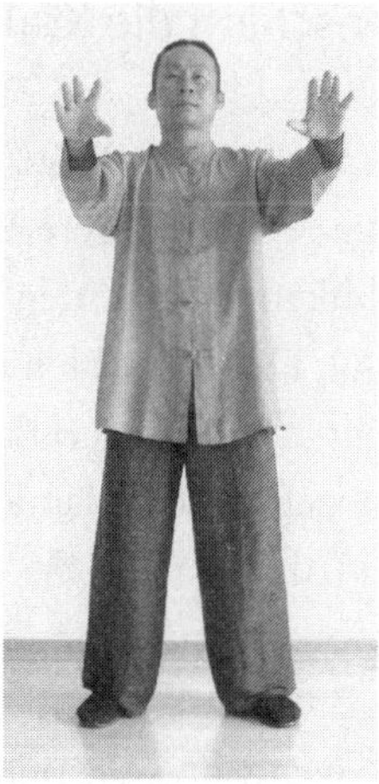
301

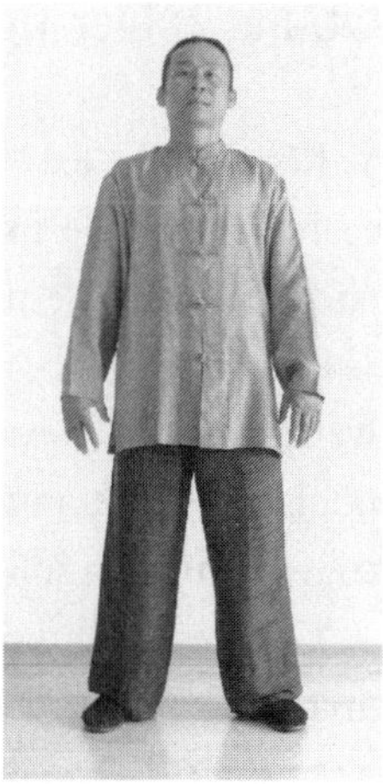
302

303

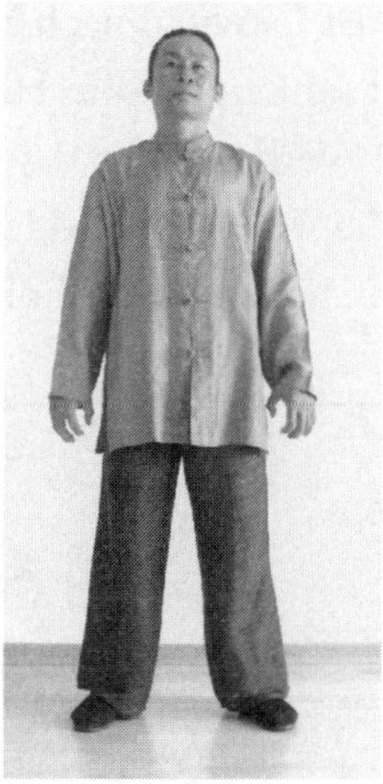
304

Übung 2: Der Tiger schärft die Krallen

Verlagern Sie das Gewicht nach links, und drehen Sie die rechte Fußspitze in die rechte vordere Ecke (Abb. 305). Machen Sie mit dem linken Bein einen Bogenschritt in die 1. Richtung (Abb. 306). Die Arme bleiben dabei gesenkt. Erst, wenn Sie das Gewicht nach links verlagern, heben Sie die noch zu Tigerkrallen geformten Hände, die aber nicht fest angespannt sein sollen (Abb. 307).

Verlagern Sie das Gewicht nach hinten, und heben Sie die linke Fußspitze (Abb. 308). Dabei werden die Arme gesenkt.

Das wird 2-mal wiederholt: Verlagern Sie das Gewicht nach vorn, und heben Sie dabei die Tigerkrallen-Hände, verlagern Sie das Gewicht nach hinten, heben Sie die linke Fußspitze, und senken Sie die Hände (Abb. 309, 310). Und ein letztes Mal: Verlagern Sie das Gewicht nach vorn, und heben Sie dabei die Tigerkrallen-Hände, verlagern Sie das Gewicht nach hinten, heben Sie die linke Fußspitze, und senken Sie die Hände.

305

306

307

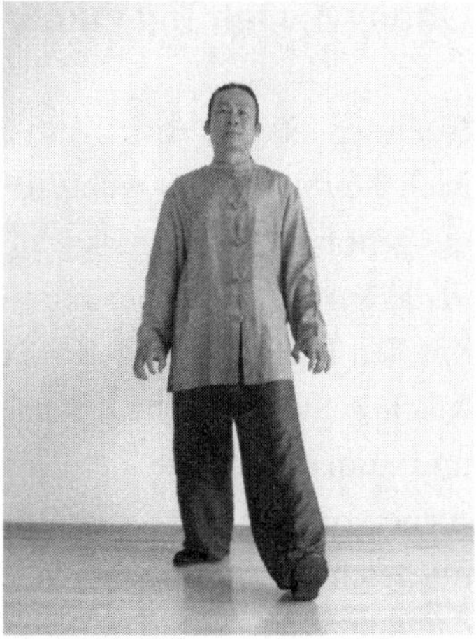
308

309

310

Übung 3: Den Tiger umarmen

Nachdem Sie die Arme zum 3. Mal gesenkt und das Gewicht nach hinten auf das rechte Bein verlagert haben, drehen Sie die gehobene linke Fußspitze in die rechte vordere Ecke und verlagern das Gewicht auf den rechten Fuß. Formen Sie dabei mit den Händen einen großen Ball (links ist oben; Abb. 311). Machen Sie mit rechts einen Bogenschritt in die 2. Richtung, und »umarmen« Sie den Tiger (Abb. 312). Dabei sind die Arme vor dem Körper geöffnet, und die Handflächen zeigen mit leicht gekrümmten Fingern nach vorn. Die Hände sind auf einer senkrechten Linie.

Verlagern Sie nun das Gewicht nach links (hinten), und formen Sie mit den Händen wieder einen Ball (diesmal ist rechts oben; Abb. 313). Wechseln Sie die Seite, indem Sie den Körper in die 3. Richtung drehen. Gehen Sie für einen Moment mit dem linken Fuß in die Katzenstellung (Abb. 314), und »umarmen« Sie den Tiger dann auf der linken Seite (Abb. 315).

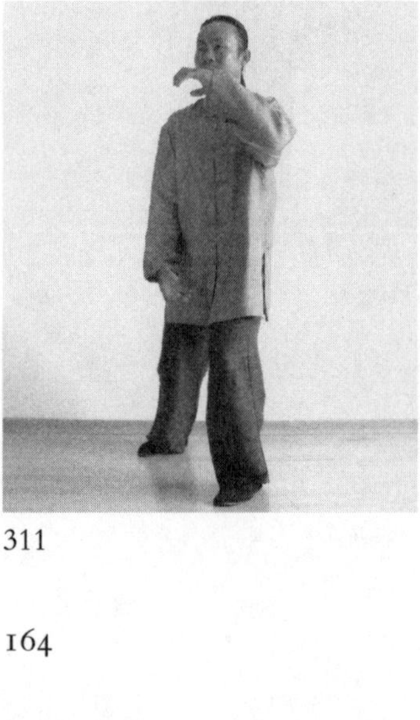

311

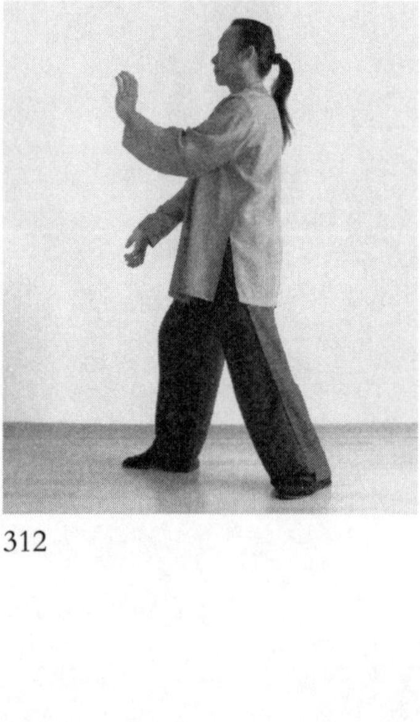

312

113

114

315

Übung 4: Der Tiger verteidigt sein Revier

Teil 1

Verlagern Sie das Gewicht nach rechts hinten, und formen Sie mit den Händen (Tigerkralle) wieder einen großen Ball. Drehen Sie den linken Fuß in die linke vordere Ecke (Abb. 316), verlagern Sie das Gewicht nach links (Abb. 317), und drehen Sie sich damit automatisch in die 1. Richtung.

Drehen Sie den rechten Arm nach außen, so dass die Handfläche nach vorn zeigt (wie auf Abb. 318 zu sehen). Heben Sie den rechten Arm dann über den Kopf, und senken Sie den linken (Abb. 319). Während Sie über einen Bogenschritt mit dem rechten Bein in die tiefe Pferdestellung gehen, senken Sie den rechten Arm ausgestreckt nach unten und heben den linken ausgestreckt nach oben, bis beide waagerecht zur Seite zeigen. Die linke Handfläche ist zum Himmel gedreht, die rechte zur Erde (Abb. 320).

316

317

318

319

320

Teil 2

Verlagern Sie das Gewicht kurz nach rechts, formen Sie mit den Händen einen Ball (Tigerkralle; Abb. 321), und verlagern Sie dann das Gewicht nach links. Nun drehen Sie Hüfte und Oberkörper wieder nach vorn und stoßen dann ruckartig nach rechts, als wollten Sie jemanden mit der Schulter und dem Ellenbogen wegschieben (Abb. 322, 323).

321

322

323

324

Verlagern Sie das Gewicht ganz auf das rechte Bein, und drehen Sie den Oberkörper weiter in die 2. Richtung. Heben Sie den rechten Arm (Tigerkralle nicht vergessen!) nach vorn auf Kopfhöhe (Abb. 324), und führen Sie dann die Arme wieder zu einem großen Ball zusammen.

Teil 3

Nun wechseln Sie die Seite und zeigen Ihre Krallen links. Dafür bewegen Sie den Oberkörper langsam nach links, verlagern das Gewicht auf das linke Bein und drehen den Oberkörper weiter in die 3. Richtung (Abb. 325). Heben Sie nun den linken Arm (Tigerkralle) nach vorn auf Kopfhöhe (Abb. 326), und führen Sie dann die Arme wieder zu einem großen Ball zusammen. Abschließend stoßen Sie noch einmal ruckartig nach rechts (Abb. 327, 328). *Hinweis: Versuchen Sie, diese Übung in der tiefen Stellung zu machen.*

325

326

327

328

Übung 5: Der Tiger auf der Jagd

Teil 1

Ihr Gewicht ist noch rechts, somit können Sie die linke Fußspitze heben und die Ferse in die rechte vordere Ecke drehen. Verlagern Sie das Gewicht, gehen Sie kurz in die Adlerstellung (Abb. 329), und formen Sie mit den Tigerkrallen-Händen einen großen Ball (links ist oben).

Machen Sie nun einen Bogenschritt in die rechte hintere Ecke, und heben Sie die rechte Hand (Abb. 330). Anschließend heben Sie die linke Hand und senken die rechte (Abb. 331; die Tigerkrallen behalten Sie nach wie vor bei.)

Formen Sie wieder einen Ball (links oben), verlagern Sie das Gewicht nach hinten, drehen Sie die rechte Ferse in die Ecke, und ziehen Sie dann den linken Fuß in die Adlerstellung heran. So drehen Sie sich diagonal in die linke vordere Ecke (Abb. 332).

329

330

331

332

Teil 2

Gehen Sie in die tiefe Stellung, indem Sie das linke Bein strecken und den Fuß in der Ecke vorn absetzen (Abb. 333). Verlagern Sie in dieser Stellung das Gewicht nach vorn, strecken Sie den rechten Arm vor, streifen Sie mit dem linken über das linke Knie, und ziehen Sie ihn zur Hüfte (Abb. 334). Dann führen Sie auch den linken Arm nach vorn, bis beide Tigerkrallen zueinander zeigen (Abb. 335). Stellen Sie sich vor, Sie würden nach einer Beute greifen. *Hinweis: Gehen Sie nur so tief, wie es Ihnen möglich ist. Diese Übung ist auch im Stehen möglich.*

Ziehen Sie mit einer Gewichtsverlagerung nach hinten die Hände zur Hüfte (Abb. 336), und verlagern Sie das Gewicht dann wieder nach vorn. Dabei werden die Hände in einer schnellen Bewegung schräg nach unten Richtung Erde gestoßen (Abb. 337).

333

334

335

336

337

Teil 3

Kommen Sie aus der tiefen Stellung hoch, formen Sie mit den Händen einen großen Ball (links ist oben; Abb. 338), und drehen Sie den linken Fuß auf der Ferse nach vorn. Gehen Sie in die Adlerstellung (Abb. 339), und kreisen Sie die Arme. Dabei heben Sie den rechten Arm außen und senken den linken Arm innen, bis Sie wieder einen großen Ball geformt haben. Dieses Mal ist rechts oben. Dann senken Sie den rechten Arm. Wenden Sie sich mit einem Bogenschritt in die rechte vordere Ecke, um die Übung »Der Tiger auf der Jagd« auf der anderen Seite zu machen. Dazu gehen Sie mit dem rechten Bein in die tiefe Stellung in die rechte vordere Ecke und streifen mit der Hand über das rechte Knie (Abb. 340).

338

339

340

Teil 4

Verlagern Sie jetzt das Gewicht nach vorn, strecken Sie den linken Arm vor, und streifen Sie mit rechts das rechte Knie (Abb. 341). Führen Sie auch den rechten Arm nach vorn, bis beide Tigerkrallen zueinander zeigen (Abb. 342). Stellen Sie sich wieder vor, Sie würden nach einer Beute greifen.

Ziehen Sie mit einer Gewichtsverlagerung nach hinten die Hände zur Hüfte (Abb. 343), und verlagern Sie das Gewicht dann wieder nach vorn. Dabei werden die Hände in einer schnellen Bewegung Richtung Erde gestoßen (Abb. 344).

341

342

343

344

Teil 5

Kommen Sie aus der tiefen Stellung hoch, formen Sie mit den Händen einen großen Ball (rechts ist oben; Abb. 345), und drehen Sie den linken Fuß auf der Ferse nach vorn. Gehen Sie kurz in die Adlerstellung (Abb. 346), und wenden Sie sich dann mit einem Bogenschritt in die linke hintere Ecke. Stoßen Sie ruckartig in diese Ecke, als wollten Sie jemanden mit der Schulter und dem Ellenbogen wegschieben (Abb. 347).

345

346

347

348

Verlagern Sie das Gewicht weiter nach vorn, drehen Sie den rechten Fuß in die 3. Richtung. Dann formen Sie mit den Händen einen großen Ball (rechts ist oben) und »umarmen« den Tiger (Abb. 348). Die Handflächen zeigen dabei nach vorn, in diesem Fall in die linke hintere Ecke.

Teil 6

Wenden Sie sich in die linke vordere Ecke, um den Tiger noch einmal zu umarmen: Dabei verlagern Sie das Gewicht kurz nach hinten auf den rechten Fuß, drehen die Ferse des linken Fußes in die vordere Ecke und verlagern das Gewicht auf den linken Fuß. Wechseln Sie die Arme, so dass die linke Hand nach oben kommt (Abb. 349), machen Sie einen Bogenschritt mit dem rechten Bein in die linke vordere Ecke, und umarmen Sie den Tiger (linke Hand ist oben; Abb. 350).

349

350

Übung 6: Das Knie streifen

Lassen Sie in dieser Position die Hände kreisen – rechts kommt in einem Halbkreis nach außen hoch, links sinkt in einem Halbkreis nach außen hinunter, rechts kommt wieder hinunter, links wieder hoch. Dabei drehen Sie sich leicht nach links (Abb. 351, 352). Verlagern Sie das Gewicht nach vorn, streifen Sie mit der rechten Hand das rechte Knie, und schieben Sie die linke auf Schulterhöhe nach vorn (Abb. 353). Sie blicken in die linke vordere Ecke.

351

352

353

Übung 7: Der Tiger will den Affen greifen

Breiten Sie die Arme seitlich aus, und verlagern Sie das Gewicht auf das rechte Bein, dann heben Sie das linke Bein (Abb. 354). Sie stehen in die 3. Richtung gewandt.

Winkeln Sie die Arme leicht an, und führen Sie die Hände vor der Stirn aufeinander zu, als wollten Sie etwas umfassen (Abb. 355).

Ziehen Sie die Hände zur Hüfte (Abb. 356), setzen Sie das linke Bein schulterbreit vorn ab. Verlagern Sie das Gewicht ebenfalls nach vorn, heben Sie die Arme noch einmal mit nach vorn gerichteten Handflächen, und senken Sie sie (Abb. 357, 358), als würden Sie mit den Krallen am Baumstamm nach unten kratzen.

354

355

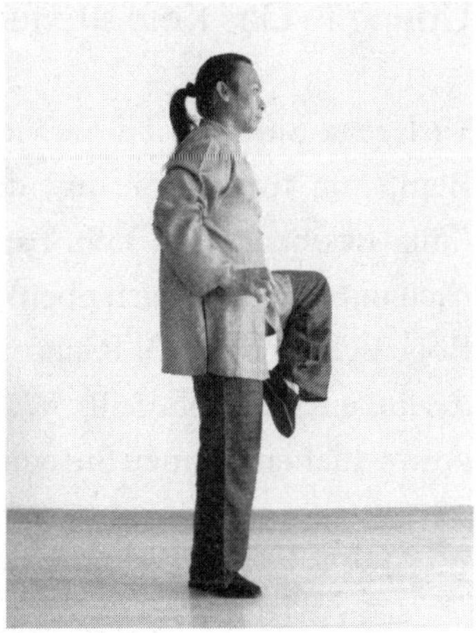

356

357

358

Übung 8: Das Knie streifen

Verlagern Sie nun das Gewicht nach hinten auf das rechte Bein, und formen Sie mit den Händen einen großen Ball (links ist oben; Abb. 359). Lassen Sie die Arme kreisen (links nach unten, rechts nach oben), und drehen Sie sich mit einem Bogenschritt in die 3. Richtung. Dabei streift die linke Hand das linke Knie (Abb. 360). Während Sie die rechte Hand nach vorn schieben, formen Sie eine Tigerkralle.

359

360

Übung 9: Der Tiger sieht dem Affen nach

Verlagern Sie das Gewicht nach rechts hinten, senken Sie den rechten Arm, und heben Sie den linken über den Kopf. Gleichzeitig gehen Sie in die tiefe Stellung (Abb. 361, 362). In dieser Position verlagern Sie das Gewicht nach vorn (Abb. 363). Der linke Arm sinkt nach unten, den rechten schieben Sie nach vorn, als wollten Sie noch einmal nach dem Affen greifen. Dabei kommen Sie langsam hoch und streifen das linke Knie (Abb. 364).

Senken Sie den rechten Arm, verlagern Sie das Gewicht nach hinten, und drehen Sie den linken Fuß auf der Ferse in die 1. Richtung (Abb. 365). Verlagern Sie das Gewicht nach links (Abb. 366), und machen Sie mit dem rechten Fuß einen Bogenschritt nach rechts. Sie stehen jetzt wieder in der 1. Richtung (Abb. 367).

361

362

363

364

365

366

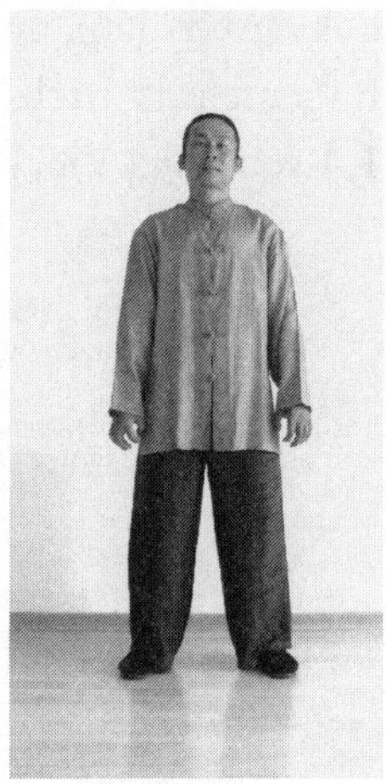

367

Übung 10: Das Qi des Tigers holen und senken

Heben Sie die Arme seitlich bis über den Kopf, und legen Sie den Kopf nach hinten (Abb. 368). Dann senken Sie die Hände vor dem Körper (Abb. 369, 370) und verbeugen sich zum Abschluss der Form.

368

369

370

Vor langer Zeit lebte ein starker Tiger im Dschungel. Keiner konnte ihn besiegen, und er fühlte sich wie der König des Dschungels. Eines Tages war er unterwegs, um auf die Jagd zu gehen. Plötzlich hörte er etwas und sah ein Tier, das so ähnlich aussah wie er, nur viel kleiner war. Auch dieses Tier war auf der Jagd. *He,* dachte er sich, *jemand will so jagen wie ich?* Er versteckte sich hinter einem Baum, um das seltsame Tier zu beobachten.

Plötzlich fing das Tier – es war eine Katze – eine Maus, und der Tiger staunte nicht schlecht, als er die Maus im Maul der Katze sah. Alles war so schnell gegangen. Er traute seinen Augen nicht. *Sie ist so schnell wie ich! Nein, eigentlich noch schneller! Wie kann das sein? Ich muss die kleine Katze kennen lernen. Ich will von ihr lernen, denn so eine Technik habe ich noch nicht gesehen.*

Er ging zu der Katze und begrüßte sie höflich. »Hallo, ich bin der Tiger, bist du die Meisterkatze?«

Die Katze blickte nur kurz auf. »Wenn du meinst«, antwortete sie.

Der Tiger machte sich ein wenig kleiner. »Ich habe dir beim Jagen zugesehen. Aber du warst so schnell, dass ich deine Technik nicht sehen konnte. Ich wäre auch gerne so erfolgreich wie du. Meinst du, ich könnte dein Schüler werden? Ich möchte deine Technik gerne lernen.«

Die Meisterkatze lachte sanft und strich sich das Fell glatt. »Wenn du mir versprichst, dass du nur das fängst, was du wirklich brauchst, und nicht mehr, dann will ich dir gerne bessere Techniken für Kraft, Geschmeidigkeit und Ausdauer zeigen.«

Der Tiger nickte. »Ja, ja, gerne, fangen wir sofort an«, meinte er. »Ich werde dein Schüler, verehrte Meisterkatze.«

So ergab es sich, dass Schüler und Meisterin viele Jahre durch den Dschungel zogen. Der Tiger lernte viele Techniken von ihr, und seine Kunst des Jagens wurde immer ausgefeilter und raffinierter.

Eines Tages ging die Meisterkatze wieder auf die Jagd. Ihr Schüler folgte ihr. Plötzlich sagte der Tiger: »Warte, Meisterin! Ich habe eine Frage!«

Die Katze drehte sich um und blickte dem Tiger in seine glänzenden Augen: »Was ist los? Was willst du wissen?«

»Ich habe nun viele Jahre lang bei dir gelernt. Hast du mir eigentlich schon alle Techniken gezeigt?«

»Ich habe dir viele Techniken gezeigt, für den Angriff und für die Verteidigung. Alles hängt von dir ab. Davon, wie du die Techniken einsetzt.«

»Nein, ich will wissen, ob du mir wirklich *alles* beigebracht hast.«

Die Meisterkatze lachte. »Wenn du übst und fleißig bist, wird deine Kunst immer perfekter.«

»Also habe ich alles gelernt«, brummte der Tiger zufrieden. »Weißt du eigentlich, dass ich vorhatte, dich zu fressen, als ich dich das erste Mal sah? Ich habe deine Techniken nur gelernt, damit ich auch dich jagen kann. Und das Versprechen, das ich dir gegeben habe, ist jetzt hinfällig. Bist du bereit?«

Die Meisterin stand ruhig da und sah ihn an. »Ich werde dich jetzt fressen«, fauchte der Tiger und duckte sich.

»Was tust du da? Wo ist dein Respekt geblieben?«, fragte die Meisterkatze. »Egal wie ein Meister aussieht, man sollte ihn respektieren.«

Aber der Tiger hörte sie nicht, sondern setzte zum Sprung an. Da drehte sich die Meisterkatze blitzschnell um und rettete sich mit einem Sprung auf einen Baum. Schnell wie der Wind kletterte sie in die Baumkrone und blickte nach unten.

Sie beobachtete, wie der Tiger versuchte, den Stamm hochzuklettern, es aber nicht schaffte.

»Die letzte Technik«, rief die Meisterkatze, »habe ich dir nicht beigebracht. Du weißt jetzt, warum.«

Anhang

Nachwort

Kritisch sah mir mein Meister beim Üben zu.

»Du willst Reis ernten, aber du hast etwas ganz anderes gesät. Wenn du Reis ernten willst, musst du auch Reis säen! Wenn du Taiji übst, ist es so, als wolltest du Taiji säen und ernten. Aber dafür musst du wissen, was du tun willst. Säst du das falsche Taiji, wirst du eine falsche Bewegung ernten!«

Dabei korrigierte er meine Handhaltung und gab mir einen leichten Klaps auf den Hinterkopf. »Es genügt nicht, sich nur auf die Äußerlichkeiten zu konzentrieren. Du bist zu äußerlich. Du konzentrierst dich auf irgendetwas Unnötiges. Ich will es gar nicht wissen, denn du verwechselst die innere Übung mit der äußeren.«

Ich wurde immer verkrampfter und blieb stehen. »Aber ich konzentriere mich doch«, entgegnete ich. »Ich versuche, mir vorzustellen, dass alles fließt.«

»Genau das meine ich! Du versuchst es nur, du tust es nicht. Deine Gedanken können so gar nicht fließen, also klappt es mit den Bewegungen auch nicht. Du wirst keine Ernte haben.«

Ich sah ihn ratlos an.

»Mit dem Fließen der Gedanken ist gemeint, sie loszulassen«, erklärte er. «Die Gedanken kommen und gehen. Halte sie nicht fest. Denke nicht darüber nach, ob sie da sind oder nicht. Ob sie gut sind oder schlecht. Sie sind einfach, wie sie sind. Damit säst du den richtigen Samen. Und die Pflanze des Taiji kann sich langsam entwickeln.

Die Sammlung des Geistes ist die innere Bewegung und hat eine Wirkung auf die äußere Bewegung. Wenn du in Meditation sitzt, gehst oder stehst, wirst du bemerken, dass alles von alleine fließen kann. Wenn du aber stoppst, dann wirst du fühlen, wie auch dein Geist steif wird. Er kommt ins Stocken. Lass also den Geist so, wie er ist.

Die innere Aufmerksamkeit ist dann auf dich selbst gerichtet, nicht nach außen. Sanft setzt du deine Füße auf den Boden, aber du konzentrierst dich nicht auf den Boden oder auf das, was vor dir ist, sondern dein Geist zeigt dem Fuß, was er machen muss. Du wirst sehen, dann wirst du ganz gerade stehen. Du brauchst es nicht zu ›versuchen‹, du machst es einfach.

Hast du aber einen unruhigen Geist, so wirst du auch falsch stehen, das Gleichgewicht verlieren und anfangen zu wackeln. Das verunsichert dich, und schon wackelt der Geist noch mehr. So schnell geht das. Du musst also aufmerksam und behutsam zugleich sein.

Denke immer daran, dass der Geist die Bewegung führt. Dann wird aus Taiji eine Meditation in Bewegung.«

Literatur

Bottini, Oliver: *Das große O. W. Barth-Buch des Zen.* O. W. Barth Verlag, Bern/München/Wien 2004

Cohen, Kenneth: *Qigong. Grundlagen, Methoden, Anwendung.* Krüger Verlag, Frankfurt am Main 1998

I Ging. Text und Materialien. Übersetzt von Richard Wilhelm. Diederichs Verlag, München 1988

Jiao, Guorui: *Das Spiel der fünf Tiere.* Medizinisch Literarische Verlagsgesellschaft, Uelzen 2001

Laotse: *Tao Te King. Eine zeitgemäße Version für westliche Leser.* Goldmann Verlag, München 2003 (das Eingangszitat, Spruch 30, befindet sich auf S. 41)

Lexikon der östlichen Weisheitslehren. Buddhismus, Hinduismus, Taoismus, Zen. Herausgegeben von Ingrid Fischer-Schreiber, Franz-Karl Ehrhard, Kurt Friedrichs, Michael S. Diener. O. W. Barth Verlag, Bern / München / Wien 1997

Lind, Monika, und Lind, Gabi: *Taijiquan & Qigong Lexikon.* Kolibri Verlag, Hamburg 1995

Liu, Hong: *Qi-Gong-Wunder.* Knaur Verlag, München 2000

Lowenthal, Wolfe: *Es gibt keine Geheimnisse. Professor Cheng Man-ch'ing und sein Taijiquan.* Kolibri Verlag, Freiburg im Breisgau 1995

Man-ch'ing, Cheng: *Dreizehn Kapitel zu T'ai Chi Ch'uan. Das Wissen des Meisters.* Sphinx Medien Verlag, Basel 1986

Rinpoche, Sogyal: *Das tibetische Buch vom Leben und vom Sterben. Ein Schlüssel zum tieferen Verständnis von Leben und Tod.* O. W. Barth Verlag, Bern/München/Wien 2002

Song, Zhijian: *T'ai-Chi Ch'üan. Die Formenlehre.* Piper Verlag, München 1991

Vongvilay, Lao, und Bottini, Oliver: *Die Kraft des Tigers. Qi Gong für jeden Tag.* O. W. Barth Verlag, Frankfurt am Main 2005

Anmerkungen

1 Für den chinesischen Begriff »Taijiquan« gibt es verschiedene Schreibweisen. Da sich die offizielle Transkription chinesischer Wörter in den Neunzigerjahren des letzten Jahrhunderts verändert hat, verwenden wir in diesem Buch die seit dieser Zeit gültige Pinyin-Transkription (Taijiquan, analog dazu Beijing, Daoismus), die der chinesischen Aussprache gerechter wird als die lange Zeit gültige Wade-Giles-Transkription (Tai-Chi-Chuan, Peking, Taoismus).

2 Nach Bottini, Oliver: *Das große O. W. Barth-Buch des Zen.* O. W. Barth Verlag, Bern/München/Wien 2004, S. 46

3 Nach *Lexikon der östlichen Weisheitslehren.* O. W. Barth Verlag, Bern/München/Wien 1997, S. 389

4 Laotse: *Tao Te King.* Goldmann Verlag, München 2003, S. 83 (Spruch 78)

5 Man-ch'ing, Cheng: *Dreizehn Kapitel zu T'ai Chi Ch'uan.* Sphinx Medien Verlag, Basel 1986, S. 19

6 Zitiert nach *I Ging.* Diederichs Verlag, München 1988, S. 3

7 Zitiert nach Lowenthal, Wolfe: *Es gibt keine Geheimnisse.* Kolibri Verlag, Freiburg im Breisgau 1995, S. 18

8 Zitiert nach Cohen, Kenneth: *Qigong. Grundlagen, Methoden, Anwendung.* Krüger Verlag, Frankfurt am Main 1998, S. 51

9 Jiao, Guorui: *Das Spiel der fünf Tiere.* Medizinisch Literarische Verlagsgesellschaft, Uelzen 2001, S. 13

10 Liu, Hong: *Qi-Gong-Wunder.* Knaur Verlag, München 2000, S. 301

11 Nach Rinpoche, Sogyal: *Das tibetische Buch vom Leben und vom Sterben.* O.W. Barth Verlag, Bern/München/Wien 2002, S. 102

12 Laotse: *Tao Te King.* Goldmann Verlag, München 2003, S. 21 (Spruch 9)

13 Laotse: *Tao Te King.* Goldmann Verlag, München 2003, S. 40 (Spruch 29)

14 Laotse: *Tao Te King.* Goldmann Verlag, München 2003, S. 71 (Spruch 63)

15 Song, Zhijian: *T'ai-Chi Ch'üan. Die Formenlehre.* Piper Verlag, München 1991, S. 115
16 Nach *Lexikon der östlichen Weisheitslehren.* O. W. Barth Verlag, Bern/München/Wien 1997, S. 283
17 Laotse: *Tao Te King.* Goldmann Verlag, München 2003, S. 72 (Spruch 64)

Lao Vongvilay, geboren in Thailand, kam, der Familientradition entsprechend, mit acht Jahren in ein buddhistisches Waldkloster im Norden Thailands, wo er u. a. in Medizin, Kung Fu, Taiji und Qi Gong unterrichtet wurde. Nach 13 Jahren verließ er das Kloster und vertiefte seine Kampf- und Heilkunstkenntnisse bei verschiedenen Lehrern. Seit 1992 unterrichtet er in München Qi Gong, Taiji, Kung Fu, Muay Thai Boran (Thai-Boxen) und Nuad-Sen (Thai-Massage). Im Jahr 2005 erschien im O. W. Barth Verlag sein Buch *Die Kraft des Tigers. Qi Gong für jeden Tag* (mit Oliver Bottini).

Kampfkunstschule Ajahn Lao
Claude-Lorrain-Str. 27
81543 München
Tel. 089/62 43 95 64
www.tiger-qigong.de

Oliver Bottini, geboren 1965 in Nürnberg, Studium der Literaturwissenschaft und Psychologie, nimmt seit 1993 bei Lao Vongvilay Unterricht und widmet sich seit vielen Jahren dem Studium des Buddhismus und der östlichen Bewegungslehren. Er lebt als Buchautor und Redakteur in München. Bisherige Buchveröffentlichungen: *Das große O. W. Barth-Buch des Zen, Das große O. W. Barth-Buch des Buddhismus, Die Kraft des Tigers. Qi Gong für jeden Tag* (mit Lao Vongvilay) sowie die beiden Kriminalromane *Mord im Zeichen des Zen* (Deutscher Krimi Preis 2005) und *Im Sommer der Mörder.*

www.bottini.de

Übungen

Die Bärenform

Übung 1: Das Qi des Bären wecken

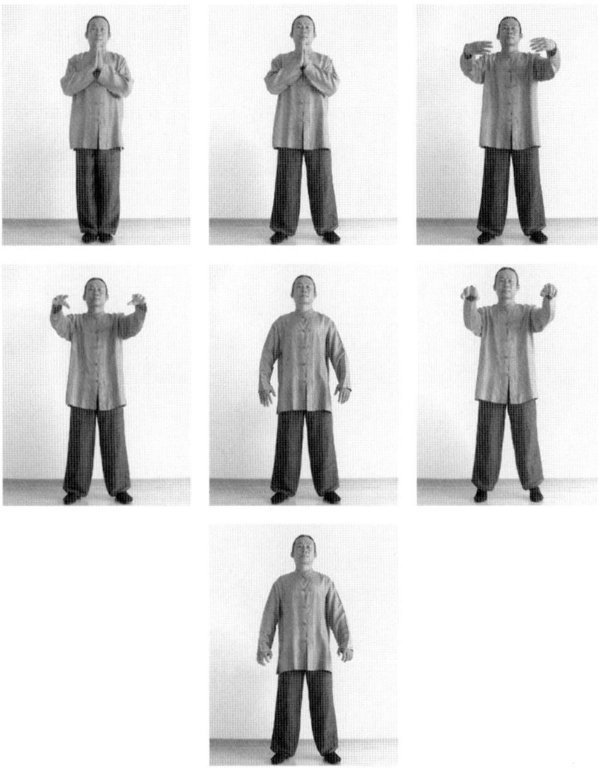

Übung 2: Der Bär hebt die Tatzen und lässt locker

Übung 3: Der Bär streckt sich

Übung 4: Der Bär wendet den Kopf

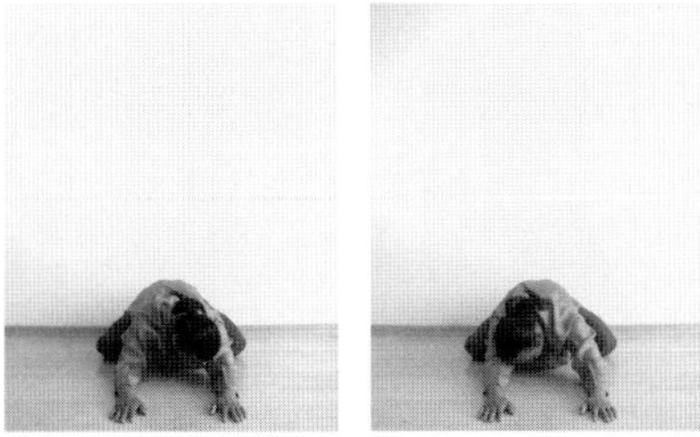

Übung 5: Der Bär macht einen Buckel

Übung 6: Der Bär streckt das Bein

Übung 7: Der Bär streckt den Rücken

Übung 8: Das Qi des Bären beruhigen

Die Kranichform

Übung 1: Das Qi des Kranichs wecken

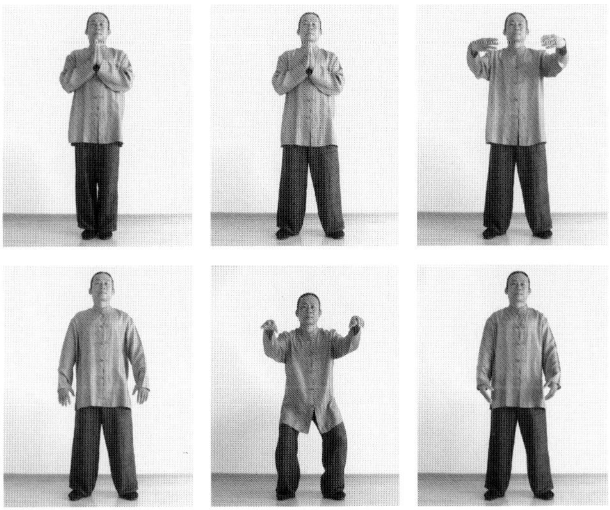

Übung 2: Der Kranich steht auf einem Bein

Übung 3: Der Kranich tanzt

Teil 1

Teil 2

Übung 4: Der Kranich steht auf dem Boden

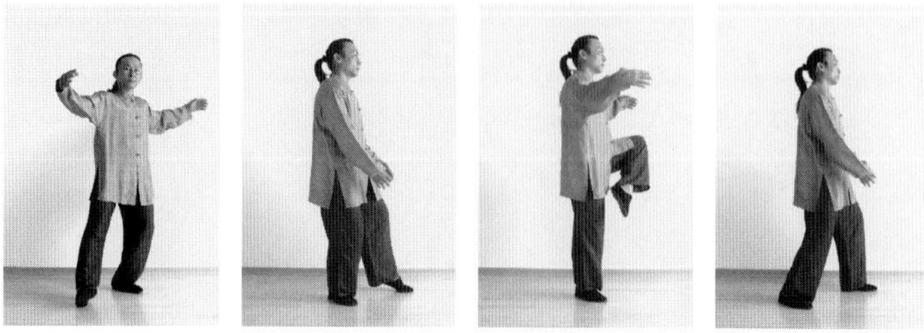

Übung 5: Der Kranich feiert Hochzeit

Übung 6: Der Kranich streckt das Bein

Übung 7: Das Knie streifen

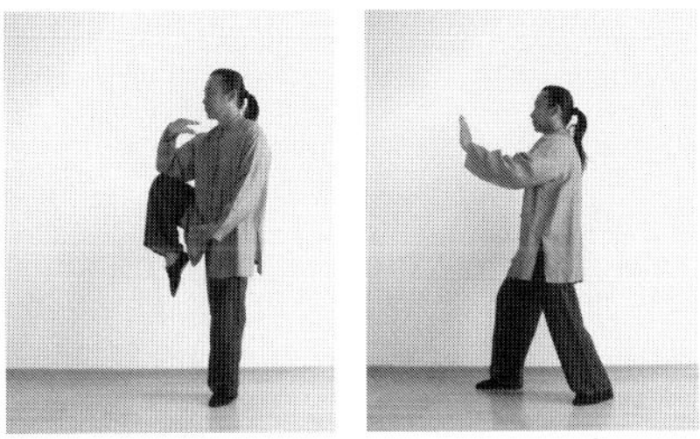

Übung 8: Das Qi des Kranichs beruhigen

Die Schlangenform

Übung 1: Das Qi der Schlange wecken

Übung 2: Die Schlange nimmt Witterung auf (linke Ecke)

Übung 3: Die Schlange beißt zu (rechts vorn)

Übung 4: Die Schlange nimmt Witterung auf (rechte Ecke)

Übung 5: Die Schlange beißt zu (links vorn)

Übung 6: Das Knie streifen

Übung 7: Die Schlange hält Ausschau

Übung 8: Die Schlangen umarmen sich

Teil 1

Teil 2

Übung 9: Die Schlangen trennen sich und kriechen davon

Übung 10: Das Qi der Schlange beruhigen

Die Affenform

Übung 1: Das Qi des Affen wecken

Übung 2: Der Affe kreist die Hüften

Übung 3: Der Affe blickt nach Norden

Übung 4: Der hungrige Affe greift nach der Frucht (rechts)

Übung 5: Der Affe steigt vom Baum und streift durch das Gras

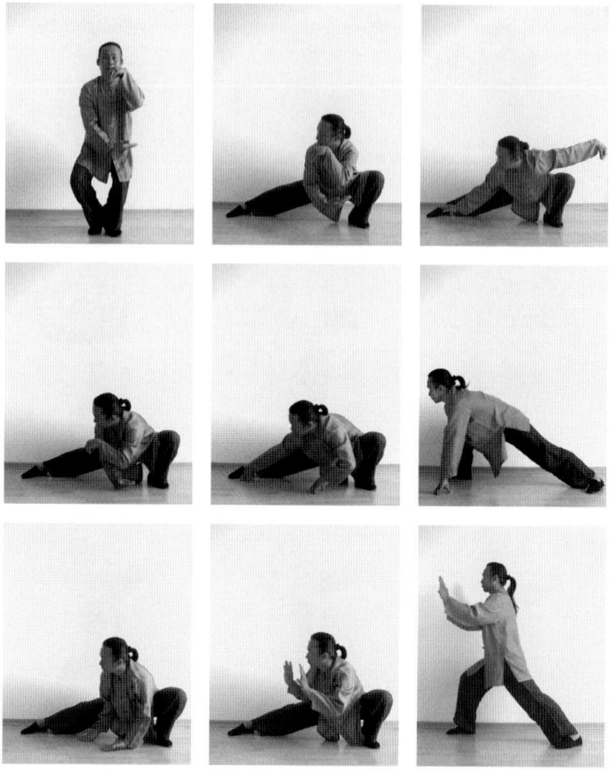

Übung 6: Der hungrige Affe greift nach der Frucht (links)

Übung 7: Der Affe steigt vom Baum und streift durch das Gras

Übung 8: Der Affe blickt nach Norden

Übung 9: Der Affe rollt die Kokosnuss

Übung 10: Der Affe springt vor Freude

Übung 11: Der Affe rollt die Kokosnuss und wirft sie weg

Übung 12: Der Affe steht auf einem Bein und wendet sich nach Norden

Übung 13: Das Qi des Affen beruhigen

Die Tigerform

Übung 1: Das Qi des Tigers wecken

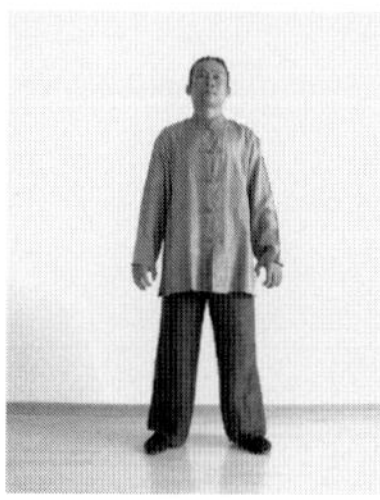

Übung 2: Der Tiger schärft die Krallen

Übung 3: Den Tiger umarmen

Übung 4: Der Tiger verteidigt sein Revier

Übung 5: Der Tiger auf der Jagd

Teil 1

Teil 2

Teil 3

Teil 4

Teil 5

Teil 6

Übung 6: Das Knie streifen

Übung 7: Der Tiger will den Affen angreifen

Übung 8: Das Knie streifen

Übung 9: Der Tiger sieht dem Affen nach

Übung 10: Das Qi des Tigers holen und senken